網紅們

——歡迎光臨——
虛擬與現實交錯的世界

凱特王　著

六個人物，六個時尚網紅側寫。

不必了解她們的職業，也能看懂其中的人性。

歡迎光臨虛擬與現實交錯的世界。

／人物介紹／

國際范
Fan

單鳳三角眼，柳葉吊稍眉，
時尚高級冷漠厭世臉。

菊子小姐
Kikuko

那些刻意秀的恩愛，
極有可能是最自然的一種示愛方式了。

芙洛拉
Flora

虛榮、膚淺、做作、無腦。
但這個年代，誰都想成為我。

貝蒂蘇

Betty Sue

從今往後還有許許多多的女孩被洗腦，
這當中包括妳嗎？

安琪兒

Angela

從那個階級爬上來的人，
最知道那個階級的人要什麼。

蕾夢娜

Ramona

秘密不能說，無法說，
因為有人註定要留在背地裡。

目次

／時尚 KOL 芙洛拉／

這個職業有點魔幻，要時時刻刻盯緊手機。
天天告訴粉絲做你自己，生活卻處處逢場作戲。
久了便人戲不分，當自己是個角兒了。
大觀園裡的人啊，總以為世界是圍著他們轉的。

「妳別裝了，誰都想成為我們。」

瑪麗上板拍照的時候，丟給我這麼一句話。

跟她相識在大學時代，大二那年暑假，我們一起在某個車展活動中認識。就是那種穿著短一截的上衣、迷你短裙，露出小蠻腰，一臉燦笑在舞台上展示的美少女。做這個工作需要內心有點虛榮與星夢，否則肯定扛不住台上台下各種猥瑣眼光。我記得瑪麗那天走第一個，她那股享受的勁兒，依舊記憶猶新。有些女孩注定比妳早熟，不是因為身體的發育，而是對荷爾蒙掌握的嫻熟度。普世認為那是青春的本錢，可我後來才明白，一些技能一旦學會，終生都會記得。就像騎腳踏車，學會了之後，哪怕二十年都不曾再騎過，跨上車的那刻依舊知道怎麼掌控。展現軀體這件事也是一樣的，知道有人對它著迷，明白自己能夠拋棄恥感，某種程度離世俗所定義的「性感」也就不遠了。

瑪麗很性感，她的性感是符合男性視角的，也許是投其所好，也許是自得其樂，總之，見過她的人無不被她的性感征服。只是對我而言，她的性感很「裝」，不是渾然天成的那種真性感，是矯柔做作的那種假性感。

如今，她和我都不再是舞台上擺臀露乳的過場素人，我們有了更符合現下的抬頭叫做「時尚KOL（Key Opinion Leader）」，時尚意見領袖。打開我們的Instagram或Facebook，都擁有超過五十萬的粉絲追隨。在流量掛帥的年代，這就代表話語權和錢。我們不僅能夠跟明星名人一樣出席品牌活動，甚至每一張在Instagram或Facebook露出的照片都暗中標示了價格。每一天顯示在你手機中四比三比例的照片中，也許一張都超過普通人一個月的工資。

我們是網紅時代的上流社會，與一般美妝部落客、Youtuber不一樣，出席的一定是名牌精品派對，打扮的也絕對是能跟明星媲美的造型。雖然對外我絕不會這麼說，但我真的打從心底認為這年代做一名擁有頂級流量的時尚KOL比當什麼演員、明星強太多了，而我，就是那個嚐到甜頭的人。

「Flora過來過來，一起合照！」瑪麗在鎂光燈的閃爍中向我拋出了橄欖枝，我下意識回頭看了一眼金姊。她雙手環在胸前，面無表情朝我意味深遠地點了點頭。喔，對了，金姊是我的經紀人，以前在模特兒經紀公司工作，兩年前自己出來獨立門戶，我是她簽下的第一位「藝人」。業界對她的評價是「江湖我金姊，人狠話不多」，不熟悉她的人以為她一身大姊頭氣質肯定書讀的少，親近之後才會發現她骨子裡其實是位文藝女青年，而且自視甚高。

我之所以需要看金姊眼色，是因為她對於我該和誰合照、怎麼合照、在哪個時間點合照都有一套判斷標準。

像我和瑪麗兩人的粉絲數差不多，在客戶眼中級別相當，又曾一起工作過，那麼公開合照屬於誰也沒有為誰抬轎的嫌疑，就是秀秀姊妹情誼。這圈子透過與知名度更高的人合影來蹭粉絲的多到數不清，以前我不懂得擋也不好意思回絕，現在有金姊在可安心多了，有麻煩她會替我擺平。

既然金姊默許，我轉頭便調整好狀態，甩了一下頭髮，放鬆眼神但不帶一絲笑容地走向瑪麗。

腦中同時回想起金姊交代過的話：「瑪麗這個傻逼，時尚圈不流行笑臉。妳給我記住了，有機會跟她在媒體面前合照，千萬不准笑，給我厭世、裝屌，越不可一世，品牌越喜歡，知道嗎？」

「妳別裝了，誰都想成為我們。」瑪麗並不知道我打從心底否定這句話，因為我的目標從來就不是「我們」，而是「我」。

妳也別裝了，誰不知道我就是妳的假想敵？我們粉絲數相近，成名的套路相近，轉型的過程相近，可能連智商都相近，唯一不同的，也許就是妳真的長得比我漂亮吧。拍過廣告跟MV的妳，是連我都羨慕的天生尤物。不由得，我又想起了「賀爾蒙」這三個字。但又怎樣呢？依照目前的局勢來看，不出半年，妳我就再也不是同一級別的了。不久後，我將把妳甩得老遠，讓妳忌妒我忌妒得咬牙切齒，卻又不得不對我示好。

「可以讓我們單獨拍一下Flora嗎？」其中一位攝影記者開口說。合照時的短短幾秒鐘，我瞥見品牌公關迪迪在他耳邊叨絮。

瑪麗給了大家一個尷尬但不失禮貌的微笑，揮手離開背板。她實在太大意了，沒瞧見我從頭到腳穿的都是品牌贊助的衣服配件嗎？只被分配到拿一個當季包包出席的人，就該識相躲開才對，才不會讓懂得看門道的人看她笑話。

「不好意思了攝影大哥，Flora全身穿的都是我們家今年的秋冬款，我得給上面一個交代，拜託了啊！」公關迪迪幾天前才剛跟金姊私下吃了個飯，喔，他們經常邀約一起吃飯。

鎂光燈此起彼落閃得比剛才還亮，團隊的攝錄影正在精心捕捉這個畫面。粉絲們一向愛看這個畫面，如此才會有「原來我們粉了一個非常了不起的人呢」這種感覺。當然，這也是讓其他品牌看的，讓他們知道我出席活動的陣仗與狀態，指不定日後會有合作的機會。

一開始我也不懂，我只是憑藉一腔熱血玩著社群媒體，與粉絲們真誠往來互動。那時身邊的人都在玩，也都在藉此證明自己的人氣。在那方小小天地，會有人說喜歡妳，說妳好美，說妳就是他們的偶像。跟在車展那種舞台相比，這樣的讚美更悅耳動聽，也更讓我信服。於是，現實生活中即便受到挫折，也會因粉絲的讚美而煙消雲散。

上傳美照搭配幾句心情文字加表情符號，這種級別的內容輸出對我來說還算應付得來，用不著太深厚的文字功底，自有一份親切感。我想，我的粉絲們應該也跟我一樣，看不來咬文嚼字的東西。金姊甫接手時，曾企圖以她文青風格循循善誘，怎知孺子不可教，令她十分頭疼。

「我總不能一直當妳的幽靈寫手吧？這好像有點兒怪，也容易被看破手腳。倒不如從提昇妳的照片質感開始，反正雕琢文字在網路上也不見得有人看，視覺上的衝擊還是比文字強烈些。」

說完，她拿起我的手機幫我下載了平常用來修圖的 App，告訴我用哪些濾鏡才能做到 Instagram 頁面畫面統一又充滿品味與質感的樣子。經過她的整頓，我的首頁忽然有一種好像我也不太認識我自己的感覺，但我很喜歡這個改變。

「日常照片妳可以這麼做，其他大片我帶進來的團隊會幫妳進行拍攝，不用擔心。接下來我跟品牌談好贊助準備讓妳去時裝週過過水，回來台灣後，妳就是國際認可的時尚部落客了。喔，不行，我討厭部落客這個詞，太low了，妳以後都得管自己叫做KOL，知道嗎？」

有人的地方就有江湖，跟金姊相處後我才發現原來以前的自己真的涉世未深。但就算她老謀深算、世故圓滑得像隻狐狸，我也非常清楚原本處在鄙視鏈上端的她之所以找我合作的理由。不是我優秀到足以入她的眼，而是我手握著這個世道的入門券——高流量、高粉絲數。

如今增粉的速度早就不像從前那樣容易，過去一幫網紅群聚在活動上拍個合照，相互tag彼此，大秀假面閨蜜情就能狂洗一次粉。如今，彼此的粉絲大致重疊，也就無意再佯裝妳儂我儂。我靠著以前做網模的累積收穫過基礎群眾，加上天天更新，限時動態從來不間斷，版面上看起來總是熱呼呼的很熱鬧，好像不粉我就會有什麼損失。偶爾，我把粉絲給我的留言也PO上動態，增加互動率。這一舉動似乎很能吸引他們，啊，感覺就像等待被皇上臨幸的寵妃，每個人都希望有天自己的留言能被PO上王位。

維持這樣的熱度是我每天主要的工作之一，事實上手機根本無法離開我超過半小時。回覆每位粉絲的留言是最基本的，我還得想想影片內容、想想怎麼消費身邊的人卻不讓人感覺被消費、想想怎麼把業配以及公關品安插進來讓大家覺得是真心推薦。在服務客戶與取悅粉絲的分寸中，我經常進進退退，卻不曾猶豫。當然，大家有默契地心照不宣，做著同樣事情的人一眼就能看明白。

什麼?你說這樣很虛偽?看真人秀的時候你明明知道是設定好的情節卻依然會被感動不是嗎?是的，只要粉絲的感動是真的，那麼一切就不虛偽。

限時動態早就變成每位網紅的修羅場，別以為單純是給粉絲看的，更多是給品牌客戶看的。而開箱除了服務品牌客戶，也算是部落客之間的明察暗訪。誰人氣高，誰收到的公關品就比別人多甚至不一樣。每年聖誕節、過年就是攀比的高峰期，收到最多禮物、品牌紅包袋的人彷彿可以笑一整年。最近加入的還有中秋節各大品牌推出的「月餅」，不僅能藉我們的粉絲頁宣傳一次形象，更能秀一波創意。

說到修羅場，結束背板照後真正踏入的活動現場亦是修羅場之一。此時，我看見方才尷尬又不失禮貌的瑪麗正與幾個部落客聊得正嗨，見我靠近，立馬朝背對我的幾個人使了個眼神。她們立即結束話題，轉過身來熱情地與我照面。這狀況讓我合理懷疑「剛剛是在說我壞話吧」。

「Flora 好有氣勢啊，現在的排場完全不同了，有經紀人有攝影師有錄影，浩浩蕩蕩的。瑪麗雖然也有攝影師，但就是他男友而已，我們這幾個可憐蟲只好靠美顏相機了。要不，借妳『專－業－的』攝影師幫我們大家拍張照，到時候發給我們？」

說話的這位是前陣子剛誕下一子、靠懷孕炒了一陣子人氣的「我是美眉」。說到「專業的」三個字時還稍微提高音量加重語氣，看來是真的很討厭我啊。

「好啊，生完孩子終於不用再秀肚皮了，穿這麼美當然要來拍一張囉。」一時間，我沒管住自己的嘴。

不是每個懷孕的網紅都能打翻身仗，但每個嫁給富商之後懷孕的網紅都能重新紅起來。她上個月才發表了自己的網路服飾品牌 mei mei，一聽就覺得不會賣。

「名字很重要，雖然大家都知道妳叫做 Flora 了，但有沒有機會我們能取個更好更時尚的？當初為什麼取這個名字？」金姊問。

「不要改行不行啊，我覺得粉絲不會習慣叫我其他名字的。Flora 是我前男友取的啦。」

「那妳中文名字叫什麼？」

「林宜君……」

「哇……跟 Flora 一樣可真夠普通的了。」

「可是我並不討厭啊。」

「但實在跟妳的樣子聯想不起來，我們現在要操作妳成為一個符合國際形象的 KOL，陽光、健康、活力、個人風格強烈。妳的優勢就是比起瑪麗，外國人喜歡妳的長相更多一些，而瑪麗則符合台灣審美多一些，白皮膚、尖下巴、大長腿、大眼睛、大胸部、長卷髮。」金姊一邊說一邊上上下下來回打量我。

我想起以前為了迎合大眾審美，將自己打扮成日韓系的模樣，嗯……確實不太適合我。

「所以呢？」我問。

「所以呢，倒是可以不用改名，我也怕粉絲一時習慣不了。但從今天開始摘掉妳的角膜變色片，把頭髮重新染回亞洲人該要有的自然黑色，然後開始健身，把皮膚晒黑，反正妳本來也就不白，那就順勢做一個有ABC感的女孩。營造積極努力、非主流審美的形象，這樣我們才能異軍突起，成為台灣社群平台上不可取代的時尚KOL。」

「為什麼要健身啊？我現在身材不好嗎？」

「妳的身材不錯，但比例不太好，身高也很一般，外型跟妳差不多的女孩我隨便在街上也能抓一大把。我先問妳，妳覺得自己有什麼才華可以讓妳的粉絲『一直』崇拜妳？說來聽聽。」

我被這個問題問倒了。大學期間因為想進演藝圈而去當網模或展場模特兒，畢業後也就順勢一直拍網拍賺錢，除了會一點表演加上一些試鏡，其實我沒有真的工作過，也沒有上過班。曾想過我靠什麼回到社會？我可能連做一份22K起薪的工作都沒把握。不，除了沒把握，更多的原因是我不願意這麼做。

「心虛了對吧？」金姊似笑非笑地說。

我慚愧地點點頭。

「我想妳一定很清楚，想進演藝圈，妳連C咖甚至通告藝人都混不上。因為這個圈子不是靠粉絲數高就能得到工作、受到肯定。妳不會唱歌跳舞也不會創作，說是會演戲，但在行業內，一個跑龍套的都演得比妳好。知道我為什麼找妳做時尚ＫＯＬ嗎？因為網路才是妳該待的地方，妳在這裡有人氣，只要營造的形象夠好，並不會曝露太多缺點，而剛好時尚界在當今時局給了網路人氣高的人一個很好的機會。沒有什麼才華沒關係，但要懂得抓住這個機會。我們不用當藝人，我們當名人，網路時尚名人。」

「那跟健身有什麼關係？」我還是聯想不起來。

「傻孩子，健身這件事情妳可以馬上行動，而且馬上就可以秀出來。沒有什麼比起健身更正能量，更能凸顯『我努力我拚命』的了。時尚部落客給人的感覺向來就是虛榮、奢華，每天輸出光鮮亮麗的生活給粉絲看。當所有人都在借各種圖文暗示『你不知道我背後付出多少努力』時，揮汗健身的畫面即使什麼話都不說，也能溢出滿螢幕努力的味道啊。」

「好像是耶。」我手托著腮，眼睛閃閃發亮地看著金姊，就像某位等著被秘宗加持的信徒。

「長期觀察一些國外時尚部落客就會發現，她們去健身，怒刷一波『我很努力』的存在感，然後搭配金句：『管理好自己的身材，才能管理好人生』，粉絲們就會受到鼓舞了。況且，秀健身總比秀恩愛高級一點。」金姊說完後彷彿想起了誰，翻了一下白眼。

我心想，反正我現在也沒有恩愛可以秀。

「我也不打擊妳了，努力這個詞本來就很虛無，所以妳才要做到被妳的粉絲『看見』。只要妳在這個行業越來越有名，他們就會肯定妳對夢想的實踐與努力。喔，對了。妳……真的了解妳的粉絲嗎？」

「什麼意思？」我問。在連續被金姊打擊自信後，我學會了虛懷若谷。

「妳知道妳的粉絲大概都落在哪個年齡層嗎？我看了一下，絕大多數是大學生與社會新鮮人。所以他們的心路歷程大致上與妳相仿，正是一個迷惘但需要被肯定與追夢的年紀。Flora 聽好了，妳對這群粉絲有社會責任，他們看著妳甚至會模仿妳，所以妳一定要珍惜自己，鼓勵他們。」

每當陷入自我懷疑，我就會想起金姊苦口婆心對我說的這段話。光環使人膨脹，過多的矚目也會讓人忘記自己是誰。在這個真真假假的名利場載浮載沉，誰不是用盡手段與心機求生存？但至少，得對某些特定的人保有真誠。至少，要這樣對待粉絲吧，我想。

「改天我們大家一起吃個飯好不好？」說這句話的是一位靠毒舌評論紅起來的部落客，因為不能露臉，合照只拍了背面。神秘感加上文字幽默犀利，讓他備受關注，但他最近寫的東西實在越來越無聊了，不知道他自己有沒有發現。

「對啊對啊，老是在活動中見面，私下也約一約嘛。」瑪麗附和著。

我看了一眼其他不作聲的人，心想：改天吃飯的意思不就是沒有這一天的意思嗎？

「Flora 妳是不是昨天才剛從歐洲回來啊？我有看妳動態那個……『全世界都是我的健身房』系列，好好玩喔。」

「對啊對啊，我也有看。」

這兩個一搭一唱的組合是大秀名牌、把自己拱上時尚部落客的富家女，每次看見她們，總覺得那張臉肯定也是花了不少錢的。這不，今天見到她們跟我上次看到又有一點不一樣了，是哪裡不一樣呢？當我正想更仔細地瞧瞧時，聽到金姊的聲音。

「各位，不好意思。我們 Flora 要過去接受媒體採訪了。謝謝大家，謝謝。」

金姊看準時機把我從群魔亂舞中支開，她說這幾個來蹭熱度的網紅最好平常要注意。我一看手機，真的耶，他們不知道什麼時候已經把自己拍的合照發出去並且@我了。同時間，我被金姊帶到了今晚最重要的明星面前，她正在與對方的工作人員說合照的事情。這位明星是韓國某女團的團員，在 Instagram 上面有超過百萬的粉絲。

「蹭人是有技巧的，能帶動妳的粉絲數、提高國際知名度的才有蹭的價值。當然，我們不會讓粉絲感覺我們在蹭人嘛，所以妳要表現的與這些名人一樣落落大方，要打從心裡覺得自己與他們平起平坐，否則妳的表情就會像一位路人甲。像路人甲就擺明告訴大家：我是來蹭明星的。但記住了，PO照片時一定要說自己是對方的粉絲、說他們好帥好美，然後@他們。」

金姊的叮嚀言猶在耳，我卻開始對一場又一場的活動出席感到心有餘而力不足。

我算是個人來瘋，剛開始非常享受這些派對，畢竟以前也沒什麼機會參加。但當一切活動出席背後都隱含著工作，而且是當晚活動結束前就要PO文的工作時，那種壓力梗在心中，便讓人不由得緊鎖眉頭。

活動現場總是人聲鼎沸，塞滿了各路人馬，十分混亂。在這樣的環境中要拍出好照片，首先，我的表現就要穩。否則，一來沒有時間重拍，二來是沒有照片可發。沒有照片可發就會是一場災難，客戶會重新審視邀請你來的必要性。

肯花錢的時尚部落客，比如我，照片或影片請攝影團隊協助，不勞煩自己親自動手。只要他們動作快，我回頭上文就很輕鬆。想省錢的時尚部落客就只能靠自己拍照、挑片、修圖、上文，一場活動下來簡直能殺死三分之一的腦細胞。

不瞞你說，我曾經也小看過這個職業。

我以為明星不論咖位再小，在鄙視鏈中總是比時尚部落客高出一個等級。事實證明我錯了，網路生態重新洗牌了鄙視鏈的排序，時尚部落客雖不是明星卻比明星更有機會混出頭，更有機會得到品牌的青睞，也更有機會展現自己的抱負。粉絲數字既是我們談判的籌碼，也是我們努力的目標。因為社群平台，因為這群粉絲，讓從小懷抱明星夢的我第一次感受到鶴立雞群的快感，我第一次隱隱約約感覺自己成名在望。

「妳知道我們所處的這個時代是充滿各種可能的嗎？」金姊那時還不是我的經紀人，而我也茫茫然的前途未卜。

「與其當一位前景不明、定位不詳、要紅不紅的網模，不如我們來闖闖吧。時尚界在網路上正興起一波權力大洗牌，當所有品牌都在向年輕人靠攏時，妳Instagram 上的粉絲數，就是我們翻身的契機。時尚 KOL 最好的時代也許就是現在，錯過就再也沒有了。」

我其實對她的分析半信半疑，我只是想追求我的夢想。從小到大，我就想當一位在舞台上發光發熱的偶像。可以表演，可以甩態，可以因為表演或甩態就有人崇拜。以前以為必須用嚴格的訓練才能進演藝圈實現夢想，現在卻順勢搭上了社群媒體的早班車，得到了與明星同級別的關注。我太愛這個時代了，感覺上這就是我的時代。

即使你們私底下認為我虛榮、膚淺、做作、無腦，求的只是排場與曝光，根本不懂時尚也不會寫文章。但只要品牌不得不發出邀約、寄送一輪又一輪的公關品給我，就代表我已經無限接近成功了。

在這個年代，誰都想成為我，不是嗎？

／凱特謎之音

寫於小說之後

時尚KOL是因應網路時代而生的職業別，此次進行書寫的對象在台灣被統一稱為「時尚部落客」，但其實他們做為意見領袖並非以產出文字形式為主，而是更著重在用照片或影像塑造個人魅力，是一種觀賞性極強，類明星式的娛樂群體。

根據德勤（Deloitte）在義大利米蘭舉辦的二〇一七創新峰會的調查顯示，千禧一代透過時尚KOL認識品牌新品的人數是上一代的3.8倍，並且逐年攀升中。這群被手機以及網路餵養大的年輕人，正在改寫所有品牌的傳統行銷方式。這個現象導致越來越多的品牌願意花大筆費用投資在受歡迎的時尚KOL身上，將其視做一個有益的曝光渠道。

你可以將其視作是一個廣告投放平台，平台的主持人就是時尚KOL本人，他們像楚門的世界般二十四小時不停展現私人生活與粉絲互動，並且技巧性地置入任何一種商品，甚至弘揚他們自己的「人物設定」，也就是「形象」。

因為背後的龐大利益驅使，時尚KOL從1.0素人野蠻生長時代走進了資本主義精緻包裝年代。他們背後開始有人操盤運作，同時扮演偶像，也同時自製產出內容，同時鼓勵自己的受眾，卻也同時在無形中加速了這個社會急功近利的浮躁氣息。

與其說現在有許多年輕人對時尚感興趣，不如說他們其實感興趣的是「如何成為一名時尚KOL」，只是這樣的職業生涯在未來十年將有怎樣巨大的變遷？是否會有其他方式取代他們的身分？

嗯，大家都在冷眼看著呢。畢竟是鐵打的品牌，流水的網紅啊。

／菊子小姐的愛人／

秀恩愛，死得快。
人們喜歡看網路情侶你儂我儂，
卻也虎視眈眈等著他們有天跌落神壇。
但愛情牌就是那麼好用，
死得快也要用，先漲粉再說。

菊子從惡夢驚嚇過來，發現自己連嚥口水都覺得喉嚨刺痛。打開放在床頭邊上的保溫杯，她著急用水溫潤焦躁的喉頭，一不小心倒多了，水沿著下巴一路濕透了睡衣。

「Shit！」她大喊了一聲。

原本只要稍微有點動靜就醒過來的阿J此刻卻一動不動。

他睡在菊子身旁，沉重而規律的鼻息暗示著他的熟睡。菊子不太相信，伸手摸黑打開床頭小燈，順勢探頭過去確認，確認後覺得自己這一連串動作太神經質了，索性起床換衣服。衣服換好睡意全無，便走去陽台抽菸。

「粉絲如果知道妳菸癮很重不知道會怎樣？」阿J為了讓菊子少抽一點菸，拿粉絲警惕過她。

「你要不乾脆爆料我是個表裡不一的人，鏡頭前大咧咧，好溫暖好可愛好相處，其實私下又會抽煙又愛喝酒，不僅有嚴重的公主病，還為前男友墮過一次胎。」

阿J的外表看起十分陽剛氣，但性格卻軟弱溫吞，處處讓著菊子，任菊子撒潑任性。曾一腳踏入過演藝圈的菊子因與前男友訂婚又悔婚而沉潛了一陣子。

他們當初分開的理由就是因為意外懷孕，雖然訂了婚，但男方並不想這麼快有孩子。兩人對這件事的看法嚴重分歧，直接導致菊子不惜解除婚約、拿掉孩子。本該是受委屈的一方，但悔婚事件卻讓她的純愛形象受到波及，雖然經紀公司企圖扭轉輿論為「勇敢做自己而放棄婚姻」，卻刪除不了粉絲心中對她與前男友曾經大秀恩愛的記憶。即使事過境遷，偶而還是有好事者把過去求婚的片段拿出來諷刺她。因為一年後，男方娶了一位小明星，還是先有後婚的。

網路就是這樣，縱使原始影片早就被菊子刪除，但只要曝光過，無論發表的是什麼，都逃不過有心人的截圖或備份，想永久刪除粉絲的記憶是不可能的，曾經大肆渲染過的東西尤其更難抹滅。

與經紀公司解約後，菊子曾一度沒有任何通告，孤單而潦倒的這段日子讓她想清楚一件事。那時她還年輕，從網模到明星這條路搭上了時代順風車得以走得順暢，這樣的順暢讓她對外界、對粉絲幾近毫無保留，任何大小事都會想在網上傾吐、炫耀、討拍、公開。是因此博得很多關注沒錯，卻也在事件發生之後，讓她一夕跌落谷底。

人是不是都這樣?當你友好到幾乎沒有防備時，他們就會隨時準備越界；

直到你發現受到侵犯而提出質疑時，他們卻反過來認為你不夠意思。這個世界不是你完全坦白就可以不遭受指責，有時真相擺在眼前，人們還是能開發出一百種對它不同的解讀。人只想看自己眼睛想看到的，對於真相，其實並沒有自己口中強調的那麼在乎。

所以菊子暗自發誓，她再也不會相信任何人，除了自己。她再也不會被任何人利用，她要反過來，消費身邊所有可以消費的東西，讓這些人、這些事、這些物，為自己所用。

把過去從頭到尾梳理清楚之後，菊子又重新回到網路世界。阿J獨特的攝影風格讓她在時尚部落客中脫穎而出。她依然把任何芝麻大的小事通通公開，只不過在公開之前全都套用了「濾鏡」。

這濾鏡就是「說粉絲想聽的故事給他們聽」，感染他們，讓他們感同身受，進而想到自己的處境。

於是，不過回家吃頓再平常不過的晚餐，她可以渲染成工作忙到沒時間照顧父母，看見他們日漸年邁的身軀，覺得自己應該多花點時間陪伴。她拍父親的背影，拍母親在廚房張羅晚飯的樣子，以及三人的溫馨合照，再加上一桌普通的家常菜，一齣感人的倫理大劇就歷歷在目，引人入勝了。

而事實上呢，她拍下這些照片，坐在客廳沙發上發完動態後，連飯都沒吃就離開趕赴朋友在KTV的約了。媽媽問起為何走的這麼急？她只隨口說臨時有工作。說謊不帶一絲猶豫，嫻熟於心。甚至對家人也不扯什麼設計過的高級謊言了，一句「有工作」就打發掉。

阿J偶爾會對這些「看圖說故事」略有微辭，覺得菊子不該為了人氣而杜撰沒有發生過的事，甚至消費身邊的人。但菊子卻告訴阿J，所有鏡頭前的「真實性」都是偽裝並美化過後所呈現的「真實感」，連她這個人都是經過設計的。她依照目前女孩子喜歡的趨勢，將自己打造成帶一點傻大姊性格，豪爽率性，敢做敢當的時尚網紅。因此，只要在公開場合，她就會轉到「豪氣但溫暖漂亮的大姊」模式，開始她的表演。

「誰在乎我真實的性格呢？」菊子心想。根本就沒人在乎好嗎？

她希望阿J能夠明白，她毫無節制地秀著與他的曖昧，也是因為粉絲愛看他們兩人惺惺相惜。彷彿只要有人在眼前上演著理想中的愛情，自己的人生也能求仁得仁。越無情的世界，人們對真情的渴望越強烈，哪怕這一點真情，是表演出來的。

但阿J不會明白，阿J怎麼會明白每一張按讚數字背後的訊息其實就是粉絲為此買單的數據。他又不是網紅，他也不經營粉絲頁，他其實骨子裡不屑那些上上下下的數字左右菊子的情緒和生活。他只是喜歡幫她拍照，從認識以後就只單純熱愛這件事。

那時，他還是個攝影助理，在一次廣告拍攝中與菊子初次見面，覺得眼前這女孩好有靈氣啊，真想以她為模特兒拍一組照片。沒想到工作結束後，菊子主動走過來問他有沒有興趣賺外快，任務不複雜，就是發他當隨行攝影，以鐘點計費。不過鐘點費很低，想想也是，不然她大可找正式的攝影師，而不是攝影助理。每每想到是因為自己價錢便宜才被菊子看上，阿J所剩不多的功利心思就會在腦中浮起，自己當初究竟圖什麼呢？

男與女，日日一起密集工作，身分又是親密度很高的拍攝者與被拍攝者的關係，加上雙方都單身，很容易拍著拍著就合作出了感情。阿J大概忘了，也或許從未察覺，其實鏡頭亦是一層濾鏡。與其說他拍出了不一樣的菊子，不如說他透過鏡頭將心中想像的菊子按照自己的方式呈現出來。

阿J最終在菊子的慫恿下離開原屬的攝影工作室，雖說是自立，也還是與菊子互相捆綁著。

「我好不容易重新找到定位，如果你真的愛我，就該拉我一把。我們是生命共同體，我們是一加一大於二。」菊子腦袋裡打的什麼主意，阿J其實都知道。他是她操作手段下一顆重要的棋子，身分是百般呵護的貼身攝影師，她要讓所有女孩期待自己男友做到的事，全都投射在他身上好獲得滿足。

時尚部落客跟明星藝人不同，她們靠極具個人風格的照片或影片來「服務」粉絲，提供粉絲們模仿穿衣的樣本以及生活模式。當影像變成重要的表現手法時，每位時尚部落客都需要一名「隨身攝影」，一般來說，男友便自然而然扛起這個角色，除了默契，也比較容易「使喚」。而透過所謂「愛的視角」來表現，也更容易加深照片的渲染力。所以，阿J為了拍出最美的菊子，不惜上山下海、挺身而出的花絮總是博得大家最熱烈的歡呼聲。

「你記得那次為了拍我，大太陽底下扛著相機半躺在柏油路上，結果燙傷後背的事嗎？」直播的時候菊子含著笑意略帶抱歉地說，說的時候還舉起手像哥兒們一樣拍著阿J的肩膀。

阿J不作聲，舉起粉絲眼中著名的花臂黃金右手搔了搔頭，那用來按下快門的手，如今看來也能讓粉絲們輕易高潮。他的靦腆與寡言，變成一種酷和神秘感，想看阿J的粉絲也漸漸多了起來。菊子很快意識到這一點，為了刺激新鮮感，她帶著阿J玩開箱，結果締造了有史以來最多人參與的一次開箱直播。阿J的冷反應製造出許多出其不意的爆點，也讓這場開箱直播變成了他們固定秀恩愛的戲碼。

「在一起、在一起、在一起」的留言從螢幕下方不斷竄出，彷彿能想像那一頭粉絲們聲嘶力竭高喊的畫面。一旁的愛心泡泡上升速度與數量都來到了歷史新高，菊子享受著眾星拱月的快感，或者說，天生表演慾極強的她把這一切都視為對自己演技的認同。

生日前一天，菊子在動態預告即將發表一件大事，跟粉絲約好晚上九點一起到她的粉絲團揭曉。而所謂「大事」不過就是成立了一個她與阿J兩人的共同粉絲頁，首張刊登的照片是他們公開後第一張情侶照。

照片中，她的黑色西服套裝裡什麼都沒穿，半露的胸腺，一頭散亂捲曲的髮絲搭配鮮艷的紅唇，手繞過阿J的脖子勾著穿著白襯衫兩手插口袋的他。沒有任何文字，只下了一個大標：女子漢與大丈夫。粉絲頁的介紹則寫著：Kikuko & AJ愛、時尚、生活。

菊子選了一個適合愛情出道的畫面，將她與阿J的戀情坐實。從曖昧到認愛，她的粉絲數一下子衝過三十萬大關。

為了慶祝三十萬，她穿上比基尼開香檳與粉絲隔空舉杯。漂漂亮亮把粉絲數字拿出來炫耀，順便秀了一把身材，菊子覺得自己的人生再好不過。對比低潮時的乏人問津，或者一被提起就如過街老鼠的狼狽模樣，此時此刻是她人生中久違的高潮，原來，她還是可以這樣快樂、這樣開懷大笑的。

「又失眠了嗎？」阿J不知道什麼時候醒來，走到陽台為菊子披上一件小薄毯。從他們公開戀情那天到現在，正邁入第二個秋天。他突如其來的一聲試探，將菊子從回憶中拉到現實。

「裝睡對不對？我就知道。」菊子捻熄手上的第二根菸，故意甩掉身上的小薄毯，走到客廳沙發一屁股坐下。只見阿J像個受了氣的小媳婦，拾起地上的薄毯，輕輕對摺後放在沙發邊上，然後走進廚房幫自己和菊子倒了杯水。他對菊子一直以來都沒有什麼脾氣，好像是上天派來她跟前哄她的。可兩年了，菊子的性格反不見改，倒是越來越拿翹，一點小事就給臉色看，給苦頭吃。

僵硬的氣氛來自上週，阿J跟菊子說自己打算去上海發展的事。「朋友找我過去上海組工作室，我答應了，反正現在也多是我的攝助阿紫在拍你，你們也很有默契，所以我想，是不是該替自己的未來打算打算了。」

這兩年，菊子與阿J多半成雙入對出現，許多合作案甚至點名情侶兩人一起。菊子手上除了自己可以經營，還包含兩人的粉絲頁，以及阿J的個人經紀。時尚部落客多是單獨一人的配置，像他們這樣既能合體又能各自為政的「CP團體」並不多見，優勢可見一斑。而菊子確實深諳社交平台操作之道。她自己的粉絲頁只會出現自己的照片，和阿J的一切則全數歸納在「Kikuko & AJ愛、時尚、生活」中，讓共同粉絲頁也能單獨運轉，自成一格。一開始也許是將自己的粉絲與流量導過去，但因為內容著重在情侶間的日常，久了便擁有一群新的擁護者。

但情侶一起共事就像多年夫妻每日每夜短兵相接。菊子專制成性，檯面上大氣開明，私底下管阿J甚嚴，加上時不時鬧個公主脾氣，需要人哄更需要人拱，真正的直男誰吃得消？這種無節操、近乎勒索式的情感綁定，熱戀期是甜蜜，消退期就是折磨了。

阿J不只一次被哥兒們嘲笑丟失了男性尊嚴，「如果這就是當暖男的代價，那我們承擔不起。」他們說。

菊子與阿J也曾有過相互幫對方吹頭髮的小清新戀愛時刻，連朋友的小孩都能借來當一日保母模擬家庭生活，提供粉絲們想像意淫的素材。遮風擋雨為你撐傘這些叫做小把戲，必要時，讓雙方父母一起入鏡同框，六人同行走走國外、國內旅遊，那才叫一個圈粉。但如今，阿J離開的決定無疑是將這段關係送上斷頭台。

「難道我要開始經營遠距離戀情嗎？還是阿J其實想跟我分手？」菊子心中默默問自己，越想越氣。

一旦想法滋生，就像在心中播下一顆種子，即便有意壓抑，也會開始發芽生根。這一週以來她刻意減少兩人的日常動態，日日更新的貼文也停在一週以前，敏感又眼尖的粉絲已經開始懷疑，偷偷在後台留言：「你們是不是吵架了？不要不開心，不要分手喔。」

菊子感到一陣作繭自縛的酸楚。

事發之前，有位自詡為將女人心事、生命本事巧妙融入時尚趨勢的部落客，將菊子成名的行徑以小說的方式揭露出來。雖未指名道姓，但種種暗示與巧合讓讀者紛紛將矛頭指向菊子。為此，菊子大發雷霆。

「賤人！憑什麼說我？賤人，賤人！偽女權的死賤人！」

「妳這麼生氣是不是因為她確實說中了什麼？」阿J也看了那篇文。

「我生氣是因為她讓我跟你之間的情感變得一文不值，她懂屁啊，她自己不秀恩愛是她的事，我跟你是因為我愛你啊。」

「妳真的……愛我嗎？」阿J笑了笑。

「什麼意思？你有今天這樣的關注度是誰幫你的？沒有我，你還是那個沒沒無聞的攝影助理，現在多少攝影師羨慕你啊。」

「我沒有要讓別人羨慕啊，如果說這全是因為我愛妳，所以才配合妳，妳會相信嗎？」

阿J說完轉身揹著相機出門了，手機打也不接，訊息也已讀不回，直到隔天半夜才回到住所。菊子忽然間意識到自己的跋扈，有種失而復得的喜悅。於是，在這段關係中第一次主動示好，在阿J洗完澡之後，殷勤地端上一碗熱騰騰的雞湯麵準備談和。

也是那個夜晚，阿J說，他決定去上海發展了。

菊子不只一次想過如果是阿J劈腿那該多好，她將以受害者姿態開一場直播告訴粉絲她會祝福對方、成全對方，讓粉絲知道她是多麼偉大與委屈。讓輿論全都向著她、護著她，讓粉絲全都支持她的決定，同情她的處境。這樣她才可以不留餘地的將阿J徹底用盡然後丟棄，且心中毫無虧欠。

但事實卻是阿J真心愛她這個人，並心甘情願被她利用。直到離開的最後一刻，他都想著怎麼幫她，找好接手他的人，訓練好並得以所用。阿紫就是這個角色，她是阿J大學攝影社的學妹，但與其說是學妹，不如說是「學弟」。是的，阿紫是一位外在特徵完全偏向男性的女同志。

與阿J的低調不同，阿紫剛剛被攬為團隊一員後便在自己的 Instagram 公布並 tag 菊子，她自己也經營個人粉絲頁，只不過比起菊子他們，稱不上什麼網紅。菊子在阿紫眼中看到那如狼似虎般的企圖心，灼熱的、興奮的、閃閃發光。她能看懂，她覺得阿紫本質上跟她其實是同類人。她們都迫切想要讓人看得起自己，迫切想要對外證明自己，並對世俗認定的成功有著莫大的渴望。

出席活動時，阿紫會主動與名氣大的部落客或名人攀談，因為是菊子身邊的攝影助理，所以大家多半不會拒絕，加上她外表時髦，態度謙和有禮，給人印象不錯。她會精修一些照片發佈在自己的版面上，一來增加作品，二來利用照片與那些高粉絲數的網紅互動。大家都對菊子說：「妳真幸運啊，擁有阿J與阿紫這兩位護花使者。」只有菊子內心真正清楚阿紫的別有用心，「同類人啊，妳其實也想上位對不對？」

對比阿紫的野心，更加體現出阿J的珍貴與難得。但一個與妳人生目標完全不同的愛人，珍貴又有何用？在妳需要他的時候，不依然是被他摒除在未來之外嗎？與他自己的夢想相比，這段既有愛情又有麵包的關係還不是一文不值。這幾天，菊子一直被這樣的心情困擾著，她捨不得現在的狀態，更恨阿J的背棄。在噩夢裡，她大喊著他的名字要他回頭，哭花了臉，跑斷了腿，卻怎麼也追不上他漸行漸遠的背影。

幾次爭吵時，她也賭氣說過分手，但女人說分手，不意味真的想分手，很多情況是試探，試探你用多少力氣去挽留，再來考慮要不要原諒你；而男人一旦提出分手，往往都是認真的。他說的也許不是「我們分手吧」，然而單單是「我覺得我們不合適」這句話，就已經是無可挽回的地步了。

菊子左思右想，確定阿Ｊ為自己打算的說法其實就是變相說分手的意思，心裡漸漸生出一股惱怒，這惱怒包含自己必須重新規劃未來的經營，也包含阿Ｊ沒將她與他的未來放置在同一位置而恨。

「我想好了，你放心去上海吧，阿紫會接下你所有負責的工作。我明天也會在共同粉絲頁公告，然後把帳號刪除關掉。」菊子坐在沙發上平靜地說。

「其實妳一開始就做好這一天的準備了吧？與其分手後一張張刪除照片，不如另起爐灶。恩愛時多一個曝光渠道，分開時……解除也就是幾個按鍵的事。」

「既然都知道，何必說出來？我們之間難道就沒有心照不宣的默契嗎？」菊子此時又點起一根菸默默抽上。

「理由呢？妳要怎麼跟粉絲說我們分手的原因？」

「事實是什麼我就說什麼啊，你決定去上海發展，我留在台灣，和平分手，祝福對方。」

煙霧在菊子眼前形成一道模糊的屏障，她隱隱約約看見阿Ｊ卻看不清楚此刻他的表情他的長相。她就快要哭了，可也始終強忍住不讓眼淚奪眶而出。或許阿J覺得那些恩愛秀的太過刻意，但對她來說，卻極有可能是最自然的一種示愛方式了吧？誰叫她是一名時尚部落客呢，生活的一切就是素材啊。她無法不消費愛情，她的身分讓她必須將私人生活與工作綁定，早就無法切割。

「如果有天我跟阿紫在一起了，希望你不要介意。」菊子幽幽地、緩緩地從嘴裡吐出煙和這些話。

「阿紫？阿紫是個女的。嗯……不對，她……」阿J忽然意識到什麼卻說不清楚，兩眼對著菊子瞪著超大。

「這幾天我一直在想一件事，既然要分手，既然兩段眾目睽睽下的感情都沒有結果，那麼我是時候換個跑道經營了。公開出櫃的名人在網路上一向支持度很高，而且我並不討厭阿紫，甚至滿欣賞她的，如果跟她在一起能收獲一票同志粉絲的支持，我樂觀其成啊。」說完，菊子吐出最後一口煙，捻熄手上那一縷最後的火光。

「妳瘋了，妳……不正常了！」阿J驚訝大叫。

「網路世界中想紅的人都不是正常人。當所有人對成名都趨之若鶩，只有你不屑一顧時，我覺得瘋的人是你才對。你知道嗎，我最討厭你一副得了名氣卻毫不在意的樣子，最討厭最討厭了。」

說完，菊子如釋重負般伸了一個懶腰。清晨第一道曙光從窗簾縫中射了進來，把空氣中的懸浮粒子照得分外清晰，她毫不在意深吸了一口氣，然後起身將簾子「唰」的一聲全部拉開，陽光瞬時不客氣地刺入她的雙眼，新的一天啊，正要開始。

而妳，沒有時間悲傷。

／凱特謎之音

寫於小說之後

明星藝人的情感世界往往是大眾娛樂八卦最好的談資，這種獵奇滿足大眾窺探心理。「炒作戀情」也被好萊塢多名演員證實是行銷手法之一，他們當中多少都曾因電影宣傳而必須與同戲的男女主角佯裝成情侶。待宣傳期過後，才以各種理由分手。

隨著社交平台的多樣化，時尚部落客為求按讚數而無所不用其極早就屢見不鮮，但方法都被大家試了無數遍，最好、最有效的一種方式依然是「秀恩愛」。

秀得一手好恩愛的部落客真的可以攬進各種好資源，你看看之前舉行大婚的宇宙級時尚部落客 Chiara Ferragni 就是最好的證明。她的婚禮有各種品牌贊助，更因為大著肚子結婚而直接進入人生勝利組的殿堂。

Kikuko

莫說恩愛秀多了覺得假，這世上的幸福從來就不嫌多。因為看客們自己的情感生活太苦了，看著別人幸福，自己好像也能得到救贖。

但美好的愛情、幸福的婚姻，一旦作為內容輸出就注定要堅持下去，彷彿穿上紅色舞鞋的女孩一樣，一直跳一直跳，不能也無法休息。想停止跳舞，就只能砍斷雙腳了。

這就是代價。

／請叫我國際范／

：

時裝週的傳奇何其多？
想藉此鍍金的人們能繞地球一周。
不管妳是哪一種時尚網紅，
沒去過時裝週？
無法抬起頭。

國際范真的很國際，是我採訪她之後才知道的事。

我也是後來才知道，國際范本名叫范超然，是一個聽起來很男孩子氣的名字。據說因為早產在保溫箱中待了三十天，父母擔心她日後長不好，所以刻意取了男孩名，希望她命能硬點兒。

光耀門楣的事她沒少做，一路拿著獎學金到大學，甚至出國留學。人在國外為了賺取生活費，經常協助翻譯外文稿件，也因為出色的譯文能力，留學期間被國內的時尚雜誌網羅，開始了屬於她的第一份駐外編輯工作，獨立負責外景拍攝、撰稿、外聯等一系列工作專案。

初來乍到時尚領域，范超然即便名喚超然，內心也開始不淡定了。別說自小就展現超越同齡人的審美，常把母親年輕時的衣服拿來改成自己的尺寸穿，就連父親中年發福後穿不下的西裝，都能在她身上穿出復古的 oversize 風格。別人不敢嘗試的，她都躍躍欲試，也許就是這與生俱來的別樣鑑賞力，讓她一直是校園裡的風雲人物。

然而就像嗜甜的人掉進了糖果屋，愛出鋒頭的小妞哪一個能抵擋得住成天與那些包啊鞋啊、動輒好幾十萬以上的精品服飾耳鬢廝磨？心像有千萬隻螞蟻咬著似的，藏在深處的虛榮開始蠢蠢欲動，稍稍逮到個縫隙，便鑽出頭想看看花花世界了。

當然，身在一個看臉的時代，她也算待對了吃她這長相的地方。在國外，一雙單鳳三角眼，可比花了大錢、費盡心思處理成像天生自帶的雙眼皮吃香多了。她散落在蘋果肌上的點點雀斑，圓潤的寬鼻頭，上翹的菱角嘴，那些放在自個兒家鄉都成硬傷的地方，在這裡全被捧成了「個人特色」，以致她一度不解所謂亞洲主流審美的品味，覺得無趣，覺得俗，覺得他們都在汙辱她的高級美。

但是，讓國際范在圈子裡聲名大噪的，並非這張國際高級臉，而是一張在時裝週偶然登上知名攝影師網站的街拍照片。

早些年街拍在國內還不成氣候，時裝週更是乏人問津的時尚議題。當然，這裡所指的乏人問津並不是沒有雜誌媒體報導，而是相對於尋常百姓來說，時裝週比遙不可及的時尚圈討論度更低，人們對於隔年才會出現在商場上的東西沒有那麼高的興趣，他們只在乎當季流行什麼，我是不是趕對了時髦？買對了單品？在只有 in & out 標題的時代，談論時裝週僅僅限於T台上的剪影，淪為流行趨勢的配圖說明。

但年代不一樣了啊，人們可能依然不在乎時裝週是什麼、對自己有啥用，但絕對不會放過任何可以炫耀或出名的機會。網路改變的事情有很多，對時裝週而言，網路揭開了原本神秘又神聖的面紗，但始終沒有被改變的，是人們的虛榮。

時裝週打開了國際范看世界的角度，也點燃了她的虛榮。即便只是跟在雜誌編輯旁邊打打雜工、充充翻譯、撰撰文，那些秀場與排場也足以顛覆她的小宇宙，改寫她的命運。以致她後來就算回到國內，還是不忘提及當年勇，暗示自己是第一位立足於國際的時尚部落客，才不是現在大家普遍認識的芙洛拉。去哪兒都說，到哪兒都要再強調一次，深怕別人不知道，也害怕被遺忘。

「比起現在的明星啊、時尚部落客紛紛跑去蹭時裝週、蹭街拍，實際上是帶自己的攝影團隊去拍照發稿，我那時候才叫做真的『被街拍』好嗎？」

國際范抬了抬標誌性的柳葉吊梢眉，外加冷不防的一記白眼，幾個不經意的小動作，就足以說明她對現在炒作時裝週的明星與部落客十分不屑了。我才發現，人對於自己真正鄙夷的事，越想掩飾越會露出破綻，那麼就不如不要掩飾吧。不掩飾人家或許會認為你真性情、做自己；一旦掩飾的不好，別人會說你假惺惺。而國際范恰恰屬於前者，更因為長相的關係，當她做出一些特別不屑的表情時，總是讓我意外覺得生動。

「他們好歹都是申請得到秀票或者媒體、品牌邀請去的吧？出街拍照、影片也是例行公事，怎麼到妳這邊，是不是『被街拍』卻成了事關緊要的大事了呢？」我提出這個疑問是因為我知道那些人都是為了工作而去，每個人都有待辦事項要完成，街拍可能就是其中一項。

「妳看過我第一次登上國際街拍大師網站的照片嗎？」國際范以相當不以為然的語調質問我，態度中充滿「妳好像沒有做好功課」的那種質疑。我想，她應該真的不知道很多人沒看過那張照片吧，畢竟也是五、六年前的事了。所謂「天上一日，人間一年」，時尚界裡的五、六年可以改變太多事了，誰會真正留戀一張街拍照呢？除了被拍者自己。范超然啊，虧妳還是混時尚圈的，這點道理，竟還不懂？

「嗯，我們有收到妳提供的照片，但可能對於國內的讀者來說還很模糊，網上找到的資料只說是國內第一位被這位國際級街拍大師拍到的台灣時尚部落客，但我還是想聽您自己闡述一下。」

我抽出手中那張從網路上截取下來的圖，雖然畫素不好，但至少證明我有看過。這種訪問同行的壓力真大，哪兒做不好人家就默默在心裡給你扣分，說你不專業。喔，對了，國際范現在的身分除了是一位時尚KOL，她還是一家時尚網路平台的總編輯。論理，她應該是國內最年輕的總編輯了，而現在擔任網路編輯的人如果擁有網紅身分，對平台來說也是再好不過的。我就知道幾個從公司跳槽過去網路媒體的編輯，被要求經營個人粉絲頁，並在動態影片中露臉。

「其實現在的街拍操作都十分商業化了，不比我那時在國外的時候。那時多單純啊，街拍攝影師只拍他們覺得好看的搭配，並不受制於品牌。就算你穿的都是一些價錢相對便宜的快時尚品牌，只要具備個人特色，依然會受到攝影師青睞。再來，時裝週現場充滿各式各樣的人，但時間久了，攝影師也能夠一眼分辨哪些人是真正被品牌邀請來看秀的，哪些是為了被拍而假裝在街上晃來晃去的，鏡頭啊，就是照妖鏡。」

「既然妳看過那張照片，應該就知道那張街拍是我站在路邊攔計程車的動作，在米蘭時裝週被S攝影師抓拍到的，完全毫無預警。之後這張照片被他刊登在自己的網站上，也上了style.com，好吧，現在這個網站也已經不在了。隨後被幾個國際雜誌網路平台刊登，於是我的 Instagram 瞬間多了好幾萬粉，全拜那張照片之賜。而當時國內還不像現在很多人玩 Instagram，所以說有時候跑太前面也不見得是一件好事。」

我提筆寫下幾個關鍵詞，在寫到「跑太前面」時不禁卡了一下。

「所以妳所謂的『被街拍』應該就是指沒有事先安排，結果被國際知名的街拍攝影師抓拍到的瞬間吧？是不是也代表在他們這些攝影師眼中，妳具備時尚潮人的特質呢？」

「如果只被拍過一次那我覺得是僥倖，但往後幾年時裝週，不管是巴黎還是米蘭，我都被拍過，這也許可以證明我有你說的『時尚潮人』的特質吧？穿得好看永遠比穿了哪些大牌重要，可惜現在很多品牌的操作更傾向於提供時尚部落客單品，然後與街拍攝影師合作，製造出假的街拍照片。街拍照片的影響程度已經追趕上時裝週本身，在網路上，人們樂於看見這些街拍照片更勝過模特兒身上穿的，以為離自己的生活更近，殊不知背後也隱含了巨量的商業操作。」

國際范說完，長長地嘆了一口氣，彷彿對這一切操作感到相當失望。

「因此我們所想像『時尚部落客們為參加時裝週而盡情秀穿搭，攝影師們穿梭於街頭捕捉他們的身影』的畫面，其實只是一廂情願對吧？事實上大家都想盡辦法被拍，畢竟一張街拍照就可能改變他們的粉絲數與媒體關注度。」

「妳說的沒錯，就是這樣。而且要顯得不經意，不然攝影師也防著妳，覺得妳是來蹭街拍的。很多人會假裝打電話聯絡事情在他們面前晃來晃去，或者假裝過馬路在路口走來走去。真的滿蠢的，但妳說有沒有用？哈哈哈，非常有用。」

訪談至此，我們第一次彼此相視而笑，對那些時裝週場外的「鬧劇」一起不置可否。在此之前，大家都嚴肅的很，都有種不想被對方看扁的對峙莫名在底下暗自較量。至於是什麼原因導致的，我到現在沒弄明白。然後我問：「攔計程車這個動作是真的嗎？」

「當然是真的，那時候還不流行假裝被拍這種爛招啦，大家都在認真工作，去的也多是時尚編輯、買手、造型師等業界的中流砥柱，雖然在打扮上沒少用力，但沒有人為了街拍用盡手段。之後確實有人用過攔計程車的招數，但如果真的攔下車怎麼辦？哈哈哈哈。可以說開山始祖是我嗎？哈哈哈哈。」

說到動情處，國際范笑到前仰後翻。仔細想想這姑娘的年紀不過二十八，卻也已經在國外歷練過一陣子了，性格爽快犀利，文字老練到讓人忘記她的年紀，其實不過也還只是個可愛的女孩啊。

但偏偏就是這種「可愛的年紀」，才會對同行中誰去了時裝週、拿到多少秀票、是不是坐在頭排、品牌邀請還是媒體邀約……等諸如此類可供攀比甚至炫耀的東西感到重要或眼紅。口口聲聲說參加時裝週是自己對時尚熱愛的具體表現，實則把去時裝週這件事當作自我行銷的名利場。也難怪大家擠破頭都想跟時裝週沾上邊兒，畢竟時尚資源就那麼一點點，被明星、名人瓜分去了一些，剩下的才輪得到ＫＯＬ。不搶，才怪！

自從媒體開始夾帶明星資源大炒時裝週熱度之後，一下子把相對高冷的秀台拉到民眾眼前。「帶明星去看秀」頓時成為各家媒體報導的發力點，而且每個人都還有個「時尚特派員」或「客座編輯」的頭銜，這些不過就是媒體藉由明星的聲勢豐富自己的內容，而明星則利用媒體增加曝光，這種雙方合作達到雙贏的操作模式，在當今的時尚娛樂圈比比皆是。

但明星終究會看膩，對老百姓而言甚至還有一點距離感，再說吧，流量與帶貨能力也不是只有明星才有。當媒體或品牌將觸角伸向以高流量粉絲人數作基礎的網紅們（或說ＫＯＬ）時，大亂鬥才要真正開始呢。

例如，我身邊每年都要跑時裝週的同事們，曾經私下嘲諷過一位時尚部落客，她在大家都離開現場後返回秀場，在頭排座位拍了張照上傳至粉絲頁，說自己受到品牌邀請坐在第一排看秀，說那場秀如何如何、怎麼讓自己的時尚魂一下被點燃吧啦吧啦……而事實是她連秀場可能都未曾進去，或者只是站在後面看到前面人頭竄動。

這位時尚部落客每年都自費飛去米蘭與巴黎看秀，也許真的有爭取到幾張秀票吧，這種為了蹭時裝週熱度而拋開所有顧忌的精神，說真的也不是人人都能拉下臉來做到的。

「問一個比較敏感的問題，妳會自費去看秀嗎？有一些時尚部落客為了打開知名度，不惜自己出資，例如宇宙級時尚部落客金髮莎拉當年就是如此，從此引來各個國際品牌的邀約。不知道妳怎麼看待這件事？」

雖然這個問題在訪問前早就提了訪綱給國際范，我還是很期待親眼看到她聽到這個問題時的表情反應。

只見她微微提了一下自己的菱角嘴，輕輕的、略略的一笑，同時哼了一聲，讓氣全從鼻孔裡吐了出來。說不上輕蔑，但也意味深遠了。

「我覺得我不需要自費做這種事，我不是身兼時尚網路媒體總編輯嗎？這個位置不是虛的，去時裝週做『真－正－的』時尚新聞報導，才是我去時裝週的目的。我熱愛時尚，熱愛服裝設計，希望帶給關注我的讀者們時裝週第一手訊息，而且是有觀點、有系統的薈萃與整理，不是我穿了什麼衣服在時裝週大出風頭。」

說到「真正的」三個字時，國際范還舉起雙手比了強調的手勢加重語氣。她真的很怕別人聚焦在街拍，卻又總是提醒別人自己是國內第一個被街拍的時尚KOL，不知道她有沒有意識到這點矛盾，還是說她一直以來最在乎的其實是「自己的時尚地位」？

「不過，妳知道的，這些『真－正－的』第一手時裝週資訊也許並不受歡迎，搞不好點擊率或關注度都還比不上其他時尚部落客拍一些大出風頭的影片或者街拍。」回應她的動作，我也在說到「真正的」三個字時，舉起雙手比了強調的手勢。

同是媒體人，她一定知道我在說什麼，而介於兩種身分之間，她也無法真正取得兩者的平衡，顧此失彼，兩種身分都有人在關注她做的怎樣、有沒有達到及格線。

「總之，我對自費去時裝週的部落客們總感覺有那麼一點其心可誅，他們未必真正關心時裝週的意義，只在乎自己這趟可以消費哪些品牌或名人，好墊高自己的價值。這種感覺就好像你花了三、五十萬報名參加『歐洲時尚豪華七日遊』，順便開光鍍金。反正國內的粉絲也不懂這其中的角力鬥爭，只看到『啊，時尚部落客好好喔，都可以穿美美的去看秀』。」

「重點是，有些人都花了這筆錢去了，還穿得不美。」我平靜地說。

「妳怎麼把我接下來想說的話說出來了？哈哈哈哈。」國際范又再一次笑到前仰後翻。這次笑得比上一次更誇張，但也稍微感覺到隱隱的不誠懇。

「不過這些人沒有功勞也有苦勞，聽說去一趟時裝週大家的行李都是超重的，我想妳一定也是。」

「是啊，五大箱吧，差不多，超重是一定的啦，畢竟妳要為每天的秀場貢獻出不同的街拍照片啊，而且更多時候是要為品牌盛裝打扮。時裝週就是個戰場，外面比街拍，裡面比社交，一個人是辦不到的，所以通常要有助理，負責扛大大小小的東西，有換穿的衣服、鞋子、包包，甚至沒有隨行攝影師的時候，還要扛一台相機。最精簡的工作人數怎麼都要四、五個人，我覺得是最恰當的。尤其現在大家最希望看到即時的東西，秀場流行即看即買，我們就是即出即看。那真的是把人逼死的狀態，每個跑過時裝週的人，不管幕前幕後都需要過人的體力，而且會嚴重犧牲睡眠。」

「現在不光是秀場，時裝週的勝負從機場就開始了不是嗎？」我笑說。

「對啊，妳說對了，機場時尚到底是誰發明的啊？偏偏又那麼多人愛看。明星需要發通稿刷一圈娛樂版面我們可以體諒，時尚部落客可能也需要刷自己的版面一次吧，順便做給對手看『姊要出發去米蘭、巴黎看秀了喔！』」

說完，國際范喝了一口咖啡，搖了搖頭。嗯，我終於有點搞明白這陰陽怪氣的矛盾心理了，身為總編輯的她看不起時尚KOL，但偏偏自己又是一名帶有網紅體質的總編輯，A面、B面都是她，手背、手心都是肉啊。

採訪出來之前，國際范還不知道芙洛拉將取代明星成為我們雜誌第一個以時尚KOL前進時裝週的客座編輯，就算妳再如何強調自己的特殊性，依舊掩蓋不住粉絲數比人低的事實，想必時裝週對於時尚KOL的殘酷就在此吧。早一步揚名國際又如何？科班出身又如何？別人不懂真正的時尚又如何？通通都沒有粉絲數重要。

而人啊，就是江湖之所以會亂的根源。你看不起我，我還不屑你呢。不僅不屑你，我還要在外邊搬弄是非，說三道四。

喝完咖啡搖完頭，她緊接著說：「現在會把看秀當做榮耀掛在嘴邊說的，通常都是剛剛接觸時裝週的菜鳥了。有些人的動態天天充滿為時裝週做準備的短片，一看就知道沒見過什麼世面。雖說時尚資源是大家擠破頭都想去競爭的第一資源，但新鮮感一過，粉絲或部落客本人都會膩的。妳瞧，那些一線明星，如果不是品牌代言人或者身為品牌長期贊助的藝人，誰想勞師動眾飛去一趟？往往都是那些二線的去刷存在感，三線的去求曝光，十八線的去蹭街拍罷了。時裝週的本質啊，還是要回到談時尚與設計本身，不然真的很 low。」

雖然我不見得同意這些話，但我佩服她可以把這些話在面對一個媒體時，毫不扭捏地說出來。這些話應該是夾雜著個人情緒的吧？說她真還是說她傻好呢？只好說她可愛了。不知道她是以什麼身分來思考的？是一名時尚部落客，還是總編輯？

「KOL與總編輯兩個身分的轉換還習慣嗎？有沒有轉不過來的時候？」

「一開始絕對是平衡不過來的，尤其是帶小編的時候，他們有些人以前是我的粉絲，現在則變成我的同事。於公我必須要求他們，於私卻希望不要影響到他們以前對我的崇拜。還有就是出席活動時，我既要扮演國際范，又要扮演總編輯范超然，好區隔出不一樣的內容。實在有點兒分裂，也挺累的。但說真的，沒有轉不過來的時候喔！」

看樣子，她相當滿意目前的雙重身分，也難怪吧，這兩個都是時下年輕人最嚮往的職業。

「非常感謝妳今天接受本雜誌的採訪，等文字稿出來，我會先寄一份給妳過目。另外，我們需要拍幾張照片可以嗎？」

「可以啊，要街拍感嗎？」她笑盈盈地說。

「哈哈哈，有何不可？很切題！」

說完，她已經用風一般的速度走去咖啡廳門口找景了，作為一名需要在街上扭來扭去的時尚部落客，國際范這信手拈來的氣勢不知道是不是去時裝週訓練出來的？

／凱特謎之音

寫於小說之後

好多人都是因為關注了喜歡的時尚部落客才開始了解時裝週的，在此之前，可能覺得離生活太遠，沒什麼關注的必要。隨著國內時尚部落客越來越多人出征時裝週，關於時裝週的話題也開始受到討論。

相比爭取代言人這種遙不可及的事（其實國外已經有KOL達成了），去時裝週看秀的門檻還是比較有可能跨過去的。但問題來了，怎麼說都需要一張光明正大的邀請函是不是？不然怎麼炫耀呢？

四大時裝週中，任何品牌舉辦一場秀，關於邀請函的派發與範圍都是被嚴格限制的。其中，40%的邀請函用於邀請全球頂級的時尚媒體（例如：VOGUE）；30%用於邀請知名時尚買手；10%用來邀請明星、嘉賓；10%給頂級VIP客戶（年消費額要好幾百萬那種）；最後10%備用，以便隨機調配。

大家熟悉的時尚部落客他們如何申請到秀票呢？除了搭40%媒體的順風車之外，更多是用自己的流量與粉絲數做擔保申請那最後10%的備用。當然那些全球知名的KOL有可能就是與明星齊名的那10%嘉賓名單中。

時裝週的八卦永遠比時裝週本週更好看，你說是不是？

／不露臉的蕾夢娜／

夢幻的畫面，給足了我們對於現實急於逃離的各種理由，

豐富了我們對於生活的各種幻想。

虛擬的究竟是她？還是我們心中都有個網紅夢？

1

沒有人知道蕾夢娜其實是被創造出來的虛擬網紅，她誕生在太平洋某個度假勝地不知名的小酒吧，是兩個志趣相投，但性格與背景迥異的女孩在一次閒談中偶然的發想。

但誰又知道呢？所謂偶然的發想究竟是不是兩個女孩心中長久以來對自我身分的一次幻想升級，就好像我們總是在檯面上嘲笑諷刺時尚名媛，背地裡卻恨不得擁有她自出生之後毫不費力得到的一切，那種只有女孩才懂得「我想成為她」的微妙心境。

也許知青與筱曉初見彼此時也帶有些許微妙心境，她們都在對方身上看到了自己遙不可及的特質，於是，說不上來為什麼，也解釋不清楚那種不由自主想去接近的慾望，經常就這樣讓兩個性格南轅北轍的女孩好上了，即使她們在外人眼中看起來是那麼的不一樣。

一開始，是筱曉主動接近了知青。知青是我們成長過程中都會遇過的那種聰明到有點兒酷的女孩，恃才傲物帶著一股天生叛逆的勁兒，在班上永遠獨來獨往、我行我素，經常蹺課去打工，但成績依舊名列前茅。關於她的傳言有很多，但不知道哪一個是真的。大家熱衷討論關於她的八卦，卻也希望能跟她交個朋友。但偏偏這樣的人，是不怎麼需要朋友的。當初筱曉找她做分組報告時，就被知青一口回絕：「妳找別人吧，那樣的東西，我一個人也能做。」

「我就想找妳。我的意思是，我們交個朋友吧。」筱曉笑著說，用她那雙從小就被形容只要笑起來就沒有人會拒絕的眼神看著知青。

後來知青才知道，筱曉之所以有那雙笑起來會討好的眼睛，是因為家庭背景。筱曉的母親是上海某企業老闆的地下情人，女員工與老闆的婚外情是常有的事，懷了筱曉之後便回台灣生下她，成了沒過門的姨太太。筱曉算起來也是含著另類金湯匙出生的，與母親兩人養尊處優，住在父親送的豪宅生活，雖說從沒為錢煩惱過，但私生子的身分卻讓她從小就格外小心翼翼。因為筱曉的媽也總是小心翼翼地對待曉筱的爸，哄不好大老爺，母女倆人都要喝西北風去。

女孩的友誼啊，有時會從不理性的羨慕對方開始。筱曉羨慕知青總是那麼獨立，那麼做自己，而知青羨慕筱曉的除了家裡有錢之外，還有她那股因為長期的小心翼翼所訓練出來的親和力。

大學畢業前，她們計畫了一趟旅行。正確來說，應該是筱曉「請」知青陪自己出去玩。她支付了這趟旅行所有的開銷才把知青勸出國門，因為知青總會以各種沒錢的理由拒絕她的邀約。在這趟旅行中，兩個女孩因為朝夕相處而情感更緊密了，交換了從小到大不曾與人分享的秘密，甚至連幾歲破處的話題都不再羞於談起，也才知道系上的直屬學長都曾經追過她們，而且都沒有追上。

聊著聊著，也聊到畢業後各自的打算，畢竟，這是大學生身分結束前的最後一次旅行。

「我已經開始投履歷了，妳呢？」知青說。

「我不想做我爸安排好的工作，也不知道自己喜歡什麼。但我有一個想法妳聽聽可不可行，不過別笑我喔！」

「妳說吧，我保證不笑妳。」說完知青笑了，被筱曉白了一眼。

「我想做虛擬網紅，但不是數位的那種，是由真人扮演不需要露臉只單純傳達生活理念的ＫＯＬ，國外有些人也這麼操作，我覺得很有趣。妳也知道的，我的身分比較敏感，拋頭露臉這種事我媽忌諱。可我還是想製造偶像，打造出女孩們會想追隨的那種人，從而將流量變現，看看能不能搭一波網紅經濟的順風車。但這件事光我一個人執行有難度，所以想找妳加入。」

「我？我能做什麼？我不玩 Facebook 也不玩 Instagram。不過我大致理解妳說的打造虛擬網紅的意思，也就是讓一個真的人去過所有女孩幻想中的生活，並透過照片或影片展現出來給她們看，進而吸引她們關注。只要這位虛擬網紅出名了，就不怕沒有賺錢的門道，甚至可以發展起來，成為一個公司團隊，就像 Chiara Ferragn 現在的經營模式。」

「瞧，我才說了三分，妳就幫我補足了剩餘的七分，我不找妳合作，我還能找誰？而且這位虛擬網紅還不能只是個芭比，她的圖文必須感覺起來有文采、有腦袋，是個獨立有想法的女孩才行。」

「妳的意思是……我做幕後，妳做幕前。我負責產出文字、企劃，妳負責產出照片、影片。」

「對對對，就是這個意思。妳覺得怎麼樣？是不是也算一種『創業』？當然一開始妳依然可以做妳想做的工作，把這個當作兼職試試看，妳覺得呢？」

說完，筱曉的眼睛閃閃發亮，彷彿在暗示：我們一定會成功的。

知青看著她的眼睛忽然很被打動，想了想，說：「那……我們應該給這個女孩取一個名字，一個值得紀念又和我們有關的名字。」

筱曉眼珠子轉了轉，瞥見墊在酒杯下的杯墊拿起來看，上面印著店名「Ramona」。

「妳覺得如何？Ramona，蕾夢娜。」

「哈哈哈，妳真是太隨意了，不過有點意思。好吧，就是她了，我們就取這個名字吧。」說完，她們各自舉杯將酒一飲而盡，宣告這段合作關係正式開始。

#2

蕾夢娜的出場配置是這樣的：國外留學歸來的某富二代千金，從事貿易工作，熱愛旅行，同時是各大時尚品牌的VIP客戶。身高一百七十公分，體重五十公斤，中偏長褐髮，沒有瀏海。有一個交往三年的男朋友，在海外工作。

但這僅僅是人物設定，八字不足一撇。蕾夢娜的照片必須足夠吸引人，才能撐起這個故事。為此，筱曉與知青將蒐集來的Instagram網紅照片分門別類，並用按讚數排名，得出幾種最受歡迎的照片形式，準備依樣畫葫蘆。

那些受歡迎的照片類型不外乎——華服、名牌鞋子、包包與美食靜物攝影，海島度假、歐洲街頭散步與五星飯店擺拍美照，偶爾出現的男友一定要在身後十指緊握蕾夢娜的手，望著她的背影。

為了讓蕾夢娜的照片與線上的時尚網紅區隔開來，她們加入了後製合成，將實景與人做處理，務必求背景效果的美侖美奐，讓人物彷佛置身仙境般。就算是靜物或食物擺設照片，也一樣精緻完美到看不出一絲破綻。

這樣的照片自然是下功夫花時間的，但主要目的除了加深蕾夢娜「完美小姐」的印象之外，也是為了讓這個人有種不食人間煙火的感覺。

為了這件隱密而偉大的「虛擬事業」，知青找了學視覺設計的弟弟負責後製照片，按件記酬。此外，蕾夢娜沒時間像其他時尚網紅那樣從零開始建立粉絲群，她必須用最短的時間竄起，因此需要投入大量的廣告費用，為此知青與筱曉商量，將前期大部分的經費用來買廣告，Facebook和Instagram都買。

「這樣……不會有問題嗎？」筱曉語帶不確定地問。

「是妳說要做虛擬網紅的，怎麼現在反倒害怕起來了呢？虛擬的不能只有身分、照片這些，最重要的是粉絲數與按讚數，不然怎麼營造出『蕾夢娜很受歡迎，大家都來關注』的氛圍呢？妳傻傻的。」

「我當初完全沒想到這個部分，妳太仔細了知青，我真的沒有錯看妳。」

「紅樓夢有句話是這麼說的『假作真時真亦假，無為有處有還無』，說的不就是這個意思嗎？傻瓜，哈哈哈哈。」

和筱曉相比，知青的城府真不是「心較比干多一竅」那麼簡單而已。把假的當作真的，時間久了假的就被認為是真的了。在二次元的世界，很多人都如此投入、熱愛自己的虛擬偶像。所以，不管是真人氣還是假人氣，久了通通會看起來像真的，如同她們共同策劃的蕾夢娜，即使不露臉，即使照片上的人是由筱曉去扮演，隔著手機螢幕與文字描述所構建起來的幻想空間，時間久了，選擇相信的人肯定深信不疑。

「社群網站的廣告費用是必要支出，因為現在不管是FB還是IG的觸及率都太低了，為了打響蕾夢娜的名氣，讓大家去猜這個人，對她產生好奇，短期內這個方法最有用，就是太花錢了，妳要衡量看看。然後，不管對外或對內事務我幫你處理，口徑一致比較好管裡，也能抬高這位虛擬網紅的身分地位。所以，蕾夢娜有個助理，叫做Celine，妳扮演蕾夢娜，我扮演Celine，聽懂了嗎？」

「那……我『唯一的』任務就是好好扮演蕾夢娜嗎？」筱曉想確認一下自己的工作是否真的這麼簡單，只要負責上鏡拍照就好了，雖然說不需要露臉。

「是啊，我的大小姐，妳別以為拍照真的那麼容易。表現不好，我可是會退稿的喔。在蕾夢娜還沒真正紅起來之前，嗯，我指的是還沒有人找她合作或活動出席，還沒有真正『進帳』之前，我只能先找份工作賺錢。沒辦法，我得養自己。等到蕾夢娜開始賺錢了，我們再來拆帳，好嗎？」

「妳放心吧，前期開銷本來就是我的創業基金，反正也是我爸給的，不花在這裡，也會被我拿去買名牌敗光。蕾夢娜這件事，妳佔的是技術股，我們一定能成功的，我相信自己對妳的判斷。是不是啊，Celine？」

筱曉說完，與知青兩人相視而笑。

女孩的友誼啊，有時會從不理性的信任對方開始，從共同擁有一個秘密展開。

3

廣告果然起了骨牌效應，蕾夢娜像一顆石子投入了平靜無波的網海中，濺起了水花，盪起了漣漪。一時間大家都在猜這個人是誰？什麼來歷？為何如此神祕？到底是哪裡的富二代？

「妳的生活就是我很嚮往的那種，好好噢！」

「妳的樣子好夢幻，但文字好有力量啊！」

「真羨慕妳年紀輕輕就靠自己擁有這些。」

「好美的畫面，好美的妳。」

「請問蕾姐姐，怎樣才能成為像妳一樣的人呢？」

「就算妳不露臉，也能被妳迷倒（愛心眼）」

「簡直就是童話故事裡的公主本人了！」

「美翻了，可以教我們如何拍出這些照片嗎？」

「喜歡妳總是帶給我們美好的一切」

「妳的照片是視覺饗宴，文字是心靈撫慰。」

隨著粉絲數的龐大激增，蕾夢娜照片底下的留言每天都讓知青忙到回覆不完。才運作不到一年，品牌客戶就找上門了，「客單量」多到讓助理 Celine 應接不暇。知青乾脆辭掉工作，全心全意投靠網紅事業，開始面試新人，打算把一些行政事務分出去。她也把一些好配合的攝影師招攬進來，連自己的弟弟都開始成為固定領薪水的修圖後製設計師，工作室從當初的兩個人，變成了六、七個人的小團隊。

不過她依然守著絕不露臉的底線，想盡辦法婉拒各種活動出席。筱曉表面上支持知青的決定，但看到芙洛拉、菊子小姐、國際范等等時尚網紅出席活動時的動態，難免心癢難耐，覺得她們才是真正享受到矚目的網紅，覺得那才叫成功。似乎忘記當初是自己提出「虛擬網紅」這個想法的，說好的不露臉呢？

「妳覺得我們『永遠』都不能出席活動嗎？只要拍照避開就好了嘛，這又不是什麼太大的問題，都可以商量的嘛。」

「成立之前妳不是說無法拋頭露面，現在怎麼感覺妳好像隨時都想讓全世界知道蕾夢娜是誰？別忘了，她是『我們兩個人』創造出來的虛擬人物。」知青說到「我們兩個人」時特別加重了語氣。

「那我們兩個可以一起出席啊，我是蕾夢娜，妳是助理 Celine 啊，對不對？這本來也就是我們檯面上的身分啊。」

「妳就那麼想去玩？妳媽不是很多品牌的 VIP 客戶嗎？跟妳媽去不就好

了，不就是派對嘛大小姐，妳又不是沒見過。」

「那不一樣，知青妳聽我說，我媽她不愛出現在這些場合中，二房身分被迫她在那些貴太太中也只能低調，我從小就知道了，她一直被那些人看不起。我現在能用蕾夢娜的名義堂堂正正地被邀請，妳還不替我開心？」

知青沒有說話，看著螢幕繼續打字。

「妳就陪我去嘛～難道妳都不好奇嗎？而且如果真的要讓蕾夢娜混時尚網紅圈，不跟那些人打交道怎麼行？我們挑一場最大的活動出席，看看具體的情況是什麼樣子，是不是會對我們操作蕾夢娜造成困擾，這都要出席看看才知道的不是嗎？」

知青想，筱曉的建議也不是沒有道理，雖說蕾夢娜最大的賣點是神秘，但那是對粉絲神秘，不是對客戶或同行神秘，總不能永遠都不出席活動、不與客戶同行打交道吧？雖然她目前也想不出未來的發展會走到什麼境界，但對「那個圈子」也還是很好奇的，尤其在製造了蕾夢娜之後。

「好，我答應妳，我們一起出席。但妳要記得，妳扮演的蕾夢娜在活動上是真人，不是照片上的假人。大家一定會對妳很好奇，所以說話要小心，我們要先套好。」

「太棒了，知青，我就知道妳對我最好了。我們的一大步，就是蕾夢娜的一大步。喔，不對，我現在要改口叫妳 Celine 了。」

說完，筱曉撲過去一把抱住了知青，也不管她正在敲打鍵盤，捧起她的臉就一陣又揉又捏又親。

「收斂一下收斂一下，就妳這個樣子還公主蕾夢娜呢。好啦，快放開我！」

筱曉放開知青後愣在原地傻笑，看得知青不由得也被她感染。後來知青總想：如果畫面永遠定格在這一刻，不知該有多好？

#4

那場活動比知青和筱曉預期的都來得大，不僅出席的明星眾多，還聚集了所有時尚圈的熟面孔，以及知名度超高的時尚 KOL。

兩人想到自己創造出來的蕾夢娜也被當做「新星」對待時，便覺得飄飄然。

這是神秘的蕾夢娜首次公開出席，是對圈子裡的人第一次揭開神秘面紗的關鍵出席時刻，大家對於能見到蕾夢娜本人也都特別好奇。

「原來妳就是蕾夢娜啊，本人跟照片一樣好看耶！」

「大家都在猜故意不露臉是不是只有身材好？沒想到妳這麼漂亮！」

「從國外回來？是在哪兒念的書呢？」

「不過就是隨手分享的照片怎麼拍得這麼專業啊？」

「我回頭要跟朋友說，我終於看見蕾夢娜本人了！」

「跟妳本人合照是不是只能拍背面呢？哈哈哈。」

「我是寫時尚評論的男小編，有收到我寄給妳的書嗎？多多關照喔！」

「你看起來真年輕，沒想到已經在海外工作過了？」

「男友呢？男友沒有陪你出席嗎？」

一群人輪番上陣前來打招呼，歡聲笑語，此起彼落。在還沒弄清楚筱曉和知青誰才是蕾夢娜時，兩人是被團團圍住的。直到大家發現筱曉才是蕾夢娜本尊，便全都簇擁著她，把知青這位助理 Celine 給擠到一旁了。

知青望了望周遭，原來現在所有時尚 KOL 都跟明星一樣帶著助理。他們手握著手機或相機不停拍攝活動花絮，和她現在做的事沒什麼不同，跟在時尚

KOL身邊的還有攝影師，全都全神貫注在抓拍各自的主子。網紅的排場可見一斑，每個人都是有備而來的，沒有一個人把一場時尚活動簡單看做「一場活動」，而是全都各憑本事在創造自己的內容。這一點倒是讓知青內心震撼了，原本她還不怎麼看得起網紅們，覺得他們都是群漂亮的草包，現在發現自己低估這產業了，為井底之蛙的心態稍稍羞愧。

之後，筱曉被品牌公關領去認識幾位重要人物，知青便在一旁默默跟隨著。一邊拍蕾夢娜出席活動的動態花絮，一邊指導隨行攝影捕捉畫面。直覺告訴她，或許在場的這些眼睛都在等著看她們能做出什麼不同於以往的內容，因為活動現場可不比能好好琢磨一張好照片的拍片現場，就看每一位時尚KOL的團隊如何表現了。

「我想都拍得差不多了，你趕緊回去把照片挑一挑，讓我弟修一修，我需要即時發布。」知青交代攝影師的時候，自己手上也還在發蕾夢娜的Instagram限時動態。忽然感覺似乎有幾分鐘沒聽到筱曉的聲音，猛一抬頭，發現她不知何時消失在自己的視線中，內心一驚，趕緊滿場找人。找到時見她正與其他時尚KOL喝著香檳，舉手投足眉飛色舞，眼中充滿掩不住的歡喜。

頃刻之間，知青心底隱約不安起來。她忽然發現這次露面的舉動等於向圈內人宣告蕾夢娜是筱曉，而她只是蕾夢娜的助理 Celine。主僕之分一下子被清清楚楚、堂而皇之的揭開，兩人共同創造蕾夢娜的優勢，經過這一晚可能完全不復存在。因為虛擬的秘密不能說，無法說，她被留在黑暗中，而聚光燈「啪」一聲全打在了筱曉身上。

從前，她只是單純羨慕或欣賞筱曉有著自己沒有的東西，比如漂亮的外表、有錢的老爸、穿戴不完的名牌服飾和包包。但今晚，她竟然覺得筱曉搶走了本該屬於自己的風采。或者說，應該是公平的啊，至少一人一半啊，在打造蕾夢娜的事業上，她不也是主心骨嗎？但現在呢？雖然身處在目眩神迷的時尚派對中，卻尷尬地像個局外人。助理？助理算什麼，根本沒有人把她當回事兒啊。

助理 Celine，這個原本設定出來提高蕾夢娜身分的角色，竟在此刻令她如此難堪。這始料未及的挫敗感，頓時蔓延成燎原的妒火，在知青心中一發不可收拾。她想讓自己盡量不去這麼想，但派對轟轟作響的音樂卻完全讓她靜不下心來。

回想過去一年中她投入在蕾夢娜的所有種種：小至收發信件，大至企劃拍攝，裡裡外外大大小小的事情哪一件不是經由自己的手促成，更別說每天固定更新的貼文了，那些文字都是她設計過，能引發讀者共鳴的雞湯文。團隊也是她一手打造培養出來的。而筱曉呢？她做了什麼？不過是出資買廣告、拍攝，鏡頭面前扮演蕾夢娜，其餘一概不管也不會做。曾經，知青以為那是筱曉對自己百分百信任，如今蕾夢娜紅了，她是不是想露臉？她是不是想從幕後走至幕前？她是不是想借著這場活動「順利出道」，便可以把自己之前所做的努力毫不費力地佔為己有？

細思恐極，知青不由得打了個冷顫。原來自己心中竟然藏有對筱曉如此深的顧忌與妒嫉，如果是真的，那過去的一切是不是只是被自己包裝成友情，偽裝成愛？

知青抬起頭，眼神穿過派對中來來往往密密麻麻的人群，試圖在縫隙中尋找那張臉，最後終於落在筱曉身上。筱曉剛好與她的眼神對上，對她招了招手，用她那雙從小就被形容只要笑起來就沒有人會拒絕的眼神看著知青。兩個人對視數秒後，筱曉像發現什麼似的，嘴角從上揚四十五度的地方開始漸漸回收，然後給了知青一個輕蔑的、足以解釋一切的挑眉。

原來，蕾夢娜自始至終，都只有一個。

／凱特謎之音

寫於小說之後

「網紅所分享的一切生活都是真實的嗎？」

由於社群媒體的發達，進而創造出社群網紅這項新興職業後，「真實性」就一直是不停被討論的話題。尤其屢屢傳出照片、影片作假的事件後，人們對於網紅創建的內容也從開始的相信變成質疑。

之所以會被反覆提及，其矛盾點就在於看客們會把自己心中的幻想，投射在追隨的網紅身上。網紅成為粉絲夢想的縮影，並變相鼓勵他們。倘若有天，你發現崇拜的偶像背地裡其實充滿謊言，內心的小宇宙會崩塌嗎？當真實和虛幻之間的界限變得越來越模糊，真的會讓人產生莫名的害怕。而在網紅經濟這一塊領域，操作虛擬偶像早就不是新鮮事，通過有系統的整合與設計，她／他可以是真人也可以是假人。

假做真時真亦假。什麼是真實，什麼是偽裝，也許人們從來只相信自己想相信的，至於真相到底是什麼，重要嗎？

另外，還有一種心態是粉絲們看待這些網路偶像的目的，越是美好，在她／他跌落神壇的那一刻就被踩得越慘。如伏爾泰所說：「雪崩時，沒有一片雪花是無辜的。」那些墜落的偶像難道不是我們一個個點讚捧出來的嗎？

網紅之所以可以操作，是不是因為我們的內心都太過空虛，太需要有人認同我們的結果？

／時尚企業家安琪兒／

網紅可以操作，成功亦可以複製，
流量具備，粉絲變現。
自創品牌門檻低，
難道人人都是時尚企業家？

據說這社會最多的女人，是小資女人。人們常感嘆「女人的錢好賺」，話裡所指的女人，也許就是小資女。

每天，捷運裡總要早晚迎來這批女人，不管她們的裝束如何，淨素著一張臉還是畫了連親媽都不太認得的濃妝，判斷她們捨不捨得花錢的標準從來不是腳底下的鞋或身上的衣服，而是手裡拿的包。包是小資女的門面，從一兩萬元的輕奢到動輒十幾二十萬元的高級名牌，能大致猜出她們想幫自己營造什麼形象。拿高級名牌的不一定過得比拿輕奢的好，而好或不好，在這座虛榮的有點迷思的城市也不是唯一判斷的標準。後者可能只是對名牌不敏感或單純不想花大錢，不敏感的就不討論了，但總有人賺的錢不足以支付其花銷而嘴上又不肯饒人，只有藉著嫌棄名牌才能讓自己好過，殊不知這樣做不但無法顯得清高，聽起來還特別酸葡萄。

至於那些天天拎著價值十幾二十萬元包通勤的小資女，往往最怕下雨天。寧可自己淋成落湯雞也要護包周全，不像在使用東西，倒像拱著一座神佛，深怕有什麼閃失對其不敬。即使身上穿得灰不溜丟沒有任何搭配重點，人一靠近，總還能從包的品牌或單價識別出一點什麼。但到底是什麼呢？實在不好說。

她們甚至會有「拿著這款包即使穿著牛仔褲和白T恤一樣很時髦」的自我感覺良好。拿包的人這樣想，看她們拿包的人也這樣想，殊不知會讓她們這樣想的原因並非自身真的穿著品味超群，而是大家眼裡對價值十幾二十萬元的包冒出了粉紅泡泡。到底是包好看導致人好看，還是因為人好看而讓包也好看呢？實在是不好說啊。

每天，這批女人在暗潮洶湧的捷運裡狹路相逢，誰都瞧不起誰，卻誰也沒有比誰過得好。她們唯一的共通處可能就是像許多心靈雞湯說的那樣——享受當下，熱衷於跟隨流行、崇拜名牌，但實際上對時尚永遠一知半解，也非真正有多大興趣。購物車裡充滿待打折才會清空的選項，不愛運動導致脫衣有肉，但始終追求穿衣顯瘦，一年至少必須拉著男友或老公出國旅遊一次，代表自己是個work hard play hard的新女性。有什麼熱門網紅餐廳出現一定會揪閨蜜去打卡。

不管小資女是不是能仰賴自己賺得一份足夠養得起自己（慾望）的薪水，其內心深處還是對愛情抱持某種程度上的盼望。她們絕對不會嫁給賺得比自己少的男人，卻也不會把通過婚姻讓自己過上比較好的生活這件事放在明處讓人指指點點。她們大多自詡獨立，會製造生活小情趣，更懂得用身外的一些物質東西，向他人暗示「女人必須經濟自主才有話語權」。所以名牌包是一種自我、經濟皆獨立的象徵，哪怕私底下熱衷霸道總裁愛上我的偶像劇，相信好嫁風唇色能增加桃花運，每週都看星座分析也沒關係。

安琪兒此時坐在母校的大學演講廳靠講台的位置，校方的協助人員與助理南西正在幫她測試PPT，一小時過後，這裡即將坐滿學弟學妹們與師長教授，列隊歡迎她這位在電商界大放異彩的傑出校友。

誰能想到，六年前的小資女如今成為坐擁上億資產的網路快時尚品牌CEO，旗下除了自己，還簽約了幾位同樣挾帶高流量粉絲數的網紅，一人授予一個同名品牌，並支持他們提供產品供應鏈管理以及後台服務。不管什麼年代，人們總是歌頌英雄，如果是女英雄那更是物以稀為貴。

「沒有人比我更了解小資女要什麼，我的衣服全都是為她們設計的。」

安琪兒面對媒體採訪這麼說過：「獨立不是強勢，溫柔不是軟弱，這是Angel Boutique倡導的理念。我希望透過自己的經驗與分享，讓每個女人都能找到自己最美最有魅力的那一面。」

身為Angel Boutique的主理人，安琪兒的優雅知性一直都是塊活招牌。她的長相在網紅界裡算不上最美，但因為身形高挑皮膚細白，笑起來有種鄰家小姊姊的親和氣質，加上勇敢走出舒適圈創業的故事背景，粉絲對她的評價自然比其他只靠顏值的網紅來的高。是一種投射作用嗎？彷彿穿上 Angel Boutique 之後，自己也能變成想像中那樣獨立堅強又溫柔優雅的女人。

「很多粉絲都說妳是他們心中的女神，打破了女強人給人犀利冷漠的刻板印象，尤其白手起家，讓她們非常佩服。關於這一點妳有什麼想法嗎？」

安琪兒露出一臉羞怯的笑容輕聲說：「我只是比較幸運，有那麼多的粉絲支持。認真說來我的成功有一半要感謝她們呢，謝謝她們當年鼓勵我創業。可以說沒有這群支持者，就沒有現在的 Angel Boutique。」

成立自創品牌之前，安琪兒已經在粉絲團累積不少粉絲。那時她還只是一名大三的學生，利用課餘時間拍照當網路模特兒，賺賺生活費。因外型清麗知性，符合市場審美，深受歡迎。賣家發現上架的衣服中，只要是安琪兒擔任模特的款式，必定賣的比其他人好，於是開始送她衣服當作額外的酬謝，有時還會讓她直接挑走中意的衣服，在私服裡露出，借她的粉絲團人氣走一波免費的宣傳。

幾次下來安琪兒發現了賣家的心機，便開門見山找他們談分潤。

「人對白拿的東西多半不會珍惜，與其送我衣服，不如讓我做導購，附上連結給粉絲。從我這裡賣出去的衣服，一件抽10%你覺得如何？多一個平台曝光，而且這個平台有二十萬粉絲的流量喔。」

安琪兒從小就很會盤算，尤其是絕不讓人佔便宜這一點。小時候爸爸哄她吃飯，說吃完買巧克力給她。她對爸爸說：「我要先看到你買了巧克力，不然我不要。」不像其他孩子，真的相信大人的話乖乖吃飯，結果別說巧克力，連塊糖果也沒有。

於是，從分潤開始，安琪兒初嚐微電商的甜頭。說也奇怪，當身上穿的衣服能讓粉絲們立即買到時，她的關注度也上升不少，不是都說粉絲排斥業配文嗎？怎麼還漲粉了呢？這也許得歸功於她的勤勞。

安琪兒不像其他網美，衣服穿過一次曝光後就束之高閣，她總是把同一件單品做不同的搭配示範，在粉絲留言互動中親切回覆所有關於穿搭上的問題。粉絲頁還包含一些美妝、保養、女性雞湯文點綴，讓內容看起來豐富又多元。這麼做都是為了提高粉絲黏著度，如此一來，分潤業績、點讚數字才會相對攀升。

但真正促使安琪兒成立個人品牌的原因倒不是這樣的甜頭，而是畢業後她找了一份正經工作幹了起來，才真正感受到討生活的不易。

她當然能像大學時代那樣繼續當個網路模特兒做做導購分潤，一個月賺的錢也強過出來工作不知幾倍。可是在父母眼中這種活兒不叫做工作，沒有社會地位，面對親朋好友問起也不知如何形容，總之是個不明所以的行當。爸爸每天念叨幾句，媽媽時不時暗示她誰家女兒進了多好的公司交的男友又是哪裡的青年才俊。最後拗不過父母的央求，她只好求職開始當起上班族，網文的分享也從無病呻吟的心情文多了職場甘苦。

也是那時，她徹底體會了當小資女的憋屈。

在一般的中產家庭長大，能力既不突出但也不至於太差的女孩，畢業後世襲了父母的社會地位，混得好的十幾年後在不錯的公司當個小主管，混不好的十幾年後也還是差不多的位置與薪水，如果又遇到中年被裁員那可就真的慘。長得好看一點，身家清白一些或許還能嫁個比較有錢的人家，但到底還是在別人的臉色下過日子。而無論嫁或不嫁，總要在辛苦經營的過程中，用錢買來一點尊嚴或自在。廣告標語漫天飄揚，那句話叫做「女人要懂得愛自己」。

但當一位小白領要愛自己實在太辛苦了，因為賺錢太慢了。她每天起早貪黑，主動加班完成主管沒交代的工作，加上績效獎金也不過三萬元出頭，想換支iPhone都換不起。更因為這樣不敢離開家在外面租房子，跟男友開個房都還要AA制。

想想實在很悲哀。

生活狀態青黃不接，對物質充滿慾望又沒有抵抗力，安琪兒終究受不了誘惑與有婦之夫曖昧了起來。對方提供她金錢方面的援助，她負責排解已婚中年男子的寂寞。那個有婦之夫不是別人，算起來也是舊相識了。

「當年跟我提分潤的時候，就覺得妳很帶種。不像我老婆，對做生意一點概念也沒有，不知道跟她聊什麼，整天就是孩子、婆家、娘家沒完沒了，無趣的要死。」

「不要以為買幾個包包送我，就能收買我當你的紅粉知己。我才不做小三呢，對不起這一臉正宮娘娘的臉。你自己想想吧，誰對你的未來比較有幫助？」

幾年過去，賣家這個稱呼早就不時興了，隨著電商的崛起，他們成為新貴，每個人口袋裡都是鼓的，頭銜都是這個總那個總。安琪兒看眼前的男人也沒了當初「不過就是在網路賣衣服的」那種輕視與鄙夷，她心裡有個盤算，這個盤算如果成功，就能脫離小資女的苦日子。

男人果然為她離了婚，這是身為年輕女人的優勢，當然，安琪兒的優勢不只年輕，還有男人需要的商業價值——她是一名網紅，具備社群經營的能力與經驗，並且還挾帶高流量的粉絲。這年頭，流量就是錢啊。

果然，天底下所有事情的本質，深究起來都是一筆生意。老謀深算的男人這麼想，精打細算的女人也這麼想。

「我不需要包，我也不想在你的公司替你管事。做我的投資人就好，我想辭掉工作做自己的自創品牌。」

「妳不是經常告訴粉絲要獨立不要依靠男人嗎？跟我開口要錢是不是有點兒違背妳的理念啊？說得好聽呢，什麼投資人。」

「聽我說，我是真的希望你考慮一下投資我的品牌，這跟我開口要錢是兩回事，我一定會賺錢讓你也獲利的，相信我。」

「那妳怎麼開始？直接跟粉絲說妳要辭職創業啊？」

「我有我的打算，你儘管投錢就對了，有你好處的。」

不久，在一則職場甘苦談的PO文底下，出現了一則留言：「安琪兒怎麼不自創品牌呢？我最喜歡妳的搭配了，以前就喜歡跟著妳買衣服。自從 follow 妳之後，身邊的人都說我變得漂亮又時髦。」

「是啊，是啊，我也是最喜歡安琪兒的穿搭。支持＋1。」

「支持＋1」、「支持＋1」、「支持＋1」「支持＋1」……

無數的回應與點讚置頂了這則留言，安琪兒謝謝粉絲的鼓勵說她會仔細想想，並回覆：「大家的支持給了我很大的力量，我想，該是勇敢跳出舒適圈的時候了，為了不辜負妳們期待，我一定會努力的。」

這些留言的加持給了安琪兒足夠的自信，她開始從資本額最少的首爾連線做起，每兩週飛一次韓國，將東大門採買到的單品在粉絲頁上即拍即發做限購加預購，從粉絲的留言反饋與按讚數統計粗估下單量，如此一來不但能提高爆款的單品數目，還能減少雷區的觸碰。這些操作練習都是為了後來的同名品牌鋪路，她不是傻子，單純相信自己的粉絲，要從她們這群小資女身上擠出真金白銀，得要讓她們真的心甘情願才行。

後來她也把一些衣服拿到粉絲頁進行試款預測。在上新前幾個星期開始發放商品的圖片，根據粉絲的點擊、轉發和評論，精確地預估需要生產多少量，上新的時候應該怎麼安排庫存。這個核心套路是她長期跟粉絲交流的心得分析，讓她不再像傳統服裝零售產業一樣，需要去猜想粉絲需要什麼，而是通過互動直接來驗證自己的預測。

安琪兒不愧是渾然天成的佈局專家，讓粉絲一點一點拋開顧忌走進設好的局裡，並自動曝光她們的內心需求。

而且她從頭到尾堅持一點，就是在照片中，所有衣服、飾品、鞋子全是最親民價格，唯獨包包只拿名牌來做搭配。小資女心中那點數兒，只能意會不能點破，既然是示範，就要把參考做好做滿。

她同時開始出席美妝保養的活動邀約，一來為自己的衣服做露出，二來為自己的時尚地位做鋪墊。與此同時成立品牌網站，透過每一次的上新連結慢慢將粉絲頁的流量導過去，並鼓勵粉絲成為會員，首次入會還能獲得購物金，變相引導消費。

不過才一年，團隊從最開始的兩人成長為十人，其中包含兩名編輯，負責品牌社交平台每日的貼文以及文章。如同線上雜誌的經營模式成為安琪兒同名品牌的特點，粉絲除了能夠在這裡買到安琪兒同款搭配，也能看到時尚熱點新聞，以及一些討論女性情感、生活、職場話題的文章。她在這些文章中或多或少散播一些自己的創業心路歷程，慢慢成為粉絲心中擁有事業的「新獨立女性」代表。

「穿 Angel Boutique 的女人就是獨立自主的女人。」

所有人都不喜歡被貼標籤，但如果這張標籤好看又有價值，其實沒有人會拒絕，甚至巴不得貼在最顯眼的地方，讓人一眼識別。正如每一位為生活奔走的小資女都會向他人強調一切靠自己，這張標籤似乎暗示著「我與誰誰誰不同，她靠男人養，而我是獨立的女人」，就算心中偶爾冒出仰賴婚姻的荒唐念頭，也僅僅是一閃而過。也是會羨慕別人出生在富貴之家，但真要依附男人則臉面拉不下，尊嚴過不去。如此夾雜其中，反反覆覆，磕磕碰碰，內心日漸扭曲，只能藉著「獨立女性」把這般滑稽的表像捋平了，磨光滑了，讓看過來的人都給那神奇的光亮瞎。

安琪兒的網站經營模式吸引了男人以及其他投資者更大的融資，他們將此系統做了整合，用「網紅特質合併供應鏈」的概念，把自帶流量的網紅網羅進來，提供她們成立「個人品牌」的渠道，並在後頭予以協助，負責選品，設計樣板，配套工廠供應商以及倉儲和物流配送。網紅只需要把自己的人氣推高，形象照看好，營造出「終於當家做主」的樣子就可以了，其實幕後什麼事都不用做。但偶爾還是要拍攝一些在工作室看樣板，或者選色的花絮照片、影片，做做表面工夫取信於粉絲。

無論安琪兒在粉絲心中多麼親和像個鄰家小姊姊，這幾年手中過的錢多了，也逐漸有了生意人的戾氣。不致包藏禍心，但能精準算計的，都不能在她眼皮子底下馬虎。比如她這幾年一直仰賴粉絲頁流量變現，獲利模式高度依賴社群網站，一旦社群網站出現用戶下降、觸及率低下等問題，銷售立即會受到影響。使她不得不未雨綢繆，另闢蹊徑找出能增加點閱的方式。再者，不是高粉絲數的網紅就代表能產出高優質內容，還得先根據這些網紅的特性和粉絲族群的偏好，編輯適合她們的照片與文字，才能精準地把產品銷售出去。

此複製模式果然為安琪兒締造了電商奇蹟，她開始出現在財經雜誌、電視專訪以及各大演講場。沒有人知道當初小三上位的內幕，也沒有人知道她創業的第一桶金其實來自於搞婚外情的男人。這幾年在業界流轉的故事版本為「從三萬開始，小資女走出舒適圈成電商傳奇」，後來更在媒體推波助瀾之下，漸漸被吹噓成神話一般，叫同行都眼紅的不得了。所以呢，一些破爛事遭人起底也只是剛好而已。比如繪聲繪影的整形疑雲，比如爆料者說她大學時代把賣家送的衣服曝光後又轉手賣給粉絲賺一次，但衝擊最大的恐怕還是網路同業謠傳她用韓國生產的正品示範拍照，卻賣給粉絲在中國大陸工廠一比一打版製造的成衣。作假，成為創業以來第一個危機。

不知是哪一個忌妒她的同行跟媒體爆料，說安琪兒的衣服大批量的都在中國大陸製造生產，只是上標時，在洗標印上 made in korea 魚目混珠。記者去了該工廠求證，也有工作人員表示 Angel Boutique 的衣服就是在這邊生產的，而且是他們的大客戶。

此報導一出，被無數人轉貼到安琪兒的粉絲頁，每天光刪除這些貼文就讓公司維護平台的編輯忙不過來，抗議留言更是多到爆炸。

「什麼?所以我們身上穿的都不是韓貨囉?太過分了吧!怎麼可以這樣!」粉絲質疑聲浪越演越大，大家紛紛退讚抵制，並揚言以前所有購買過的衣服都要退款退貨。

對此，安琪兒沒有正面回應，只聲明信不過品質的消費者可以申請退款退貨，公司一定負責到底。無論什麼時候購買的衣服，只要提出貨品與購買證明，就讓你退。

此番操作能挽回多少形象不得而知，但公司光是物流費用就支付了一大筆。當公司所有人都為此事焦頭爛額之際，安琪兒的粉絲頁出現一則扭轉局面的留言：

「我是去年夏天開始買 Angel Boutique 的衣服，說實話在此之前我不怎麼會打扮，偶爾在網路上買的一些衣服品質也不好，沒穿兩次就扔了。每個月的預算有限，國際快時尚的版型其實很挑人穿，也不怎麼便宜。但自從朋友介紹 Angel Boutique 給我之後，我就不再買其他品牌的衣服了。是不是正品韓貨一點也不影響我的購買，為什麼？因為他家的衣服第一不挑身材，第二版型好，第三成套搭配省心省力，第四很實穿，上班休閒一應俱全，穿了還會被人誇品味好。第五更新快，平均兩週上新一次，很符合女人喜新厭舊的心理週期。所以我也懶得逛街了，也不再費心想搭配什麼的，只要她家每次上新，看順眼的買兩套基本就能穿一兩季。還有，他們的客服真的沒話說，非常有耐心有禮貌，物流更是快，現貨下單兩天內一定收得到。」

許多粉絲看到後也紛紛跟進，說出了對事件的看法：

「妳真的把我心裡想的說出來了，對啊，我也不在乎是不是正品韓貨，品質好，衣服好看最重要。」

「說到重點了，我對 Angel Boutique 中毒的原因就是朋友現在都誇我穿的好看。」

「而且他們真的很負責任，沒有出來狡辯，讓信不過品質的人可以申請退貨退款，但我還是會買的，因為我覺得衣服質感不錯啊，產地根本沒有影響嘛。」

諸如此類的留言還有好多。幾個月後，輿論漸漸從反對到支持，幫助安琪兒平息了這場自創業以來最大的危機，媒體還因此稱讚安琪兒的粉絲就是她最好的公關。

「是啊，我實在太愛我的粉絲了，沒有他們我怎麼可能現在坐在這裡呢？」

安琪兒環顧四周想著：「畢業後還是第一次回來學校呢。」

「安琪姊，要麻煩妳來試試麥克風的聲音，時間差不多了，先喝點水吧。」

助理南西湊近小聲地說，同時遞給她一瓶插了吸管的礦泉水。

「南西啊……」

「什麼事？」

「為什麼從來沒有人懷疑過留言其實是我發的呢？」

「哪一則？什麼留言啊？安琪姊妳說什麼？」南西一頭霧水。

安琪兒不發一語看著螢幕斗大的演講標題「網紅電商的崛起之路」，輕輕笑了起來。

凱特謎之音

寫於小說之後

二〇一八年八月，卡戴珊家的小女兒 Kylie Jenner 登上了美國《福布斯》「白手起家」女富豪榜單，以約九億美元淨資產在榜單上排名第二十七，同時，Kylie Jenner 也成為了最年輕的「白手起家」億萬富翁，比 Facebook 創始人 Mark Elliot Zuckerberg 早了三年。

雖說白手起家這四個字對家產豐厚的卡戴珊家族有點諷刺，但 Kylie Jenner 靠一支唇膏開始致富之路卻是事實。利用真人秀節目所累積起來的關注度結合社群媒體的流量，顛覆了傳統供應鏈銷售模式，成功帶起銷售。

不過，化妝品開發的技術門檻還是高一點，對多數網紅而言，賣衣服或許才是進入電商界最好的選擇。尤其現在各行各業，有網紅體質等於有人氣有買氣。

很多人覺得網紅自創品牌是因為「這個人很紅，做什麼粉絲都會買單」。這裡有一個重要的因素被忽略，那就是對應這位網紅的「粉絲們」。

網紅之所以成立品牌有人追隨，不是因為他個人或品牌的關係，而是他長期與粉絲互動所得到的「信任結果」。他們在此基礎上一起獲得共識達成認同，然後才有網紅成立個人品牌這個銷售渠道的建立。換句話說，品牌是結果，是網紅和粉絲共同創造出來的一個社區認同的結果。所以，與其說小說裡的安琪兒自創了品牌，不如說品牌是她與粉絲一起開創的。

所以網紅建立品牌不需要仰賴傳統傳播渠道，消費者不需要被說服，因為在此之前他們已經成為粉絲，早就認同了網紅以及其品牌。

最後將三個點整合起來就形成可複製的商業套路模式，即網紅社交媒體平台↓電商平台↓後端供應鏈。

還有，你發現了嗎？不管是Kylie Jenner賣的唇膏還是網紅品牌的衣服，其產品定位都不是高單價商品，因為他們最核心的粉絲群都是……看完小說的你一定知道，那就是「小資女」。

網紅品牌今後會如何發展？目前尚未明朗。因為大家都還處於蜜月期，隨著網紅的年紀與人生際遇變化，粉絲也會跟著變老與改變。一個網紅品牌終究能不能成為真正的品牌？一位網紅終究能不能成為真正的時尚企業家？路還長著呢！

／貝蒂蘇的毒雞湯／

當時尚界都在為品牌故事加戲時，
輸出價值觀的時尚部落客是心靈大師？
還是荼毒粉絲？

這是貝蒂蘇第一場與某雜誌集團合辦的演講，由她擔任講師跟大家分享時尚界的菁英女性。雖說是免費的場次，但對時尚部落客來說也是一次考驗線下人氣的時刻，有點類似粉絲見面會的感覺。現在的媒體或品牌都傾向和網紅合作，幫活動增加參與人次，但也間接把「出席率」轉嫁到網紅個人身上，多少有點那種「如果來的人很少，是因為你人氣不夠高」的意思，倘若這場活動邀請了兩位網紅參與，那簡直就是一場人氣比賽了吧。

貝蒂蘇很擔心粉絲出席率不高，因為台北最近開始進入梅雨季，大家都懶得出門。於是活動前一天她特地去土地公廟燒了烏龜，祈求晴天。

但活動當日還是下雨了，天氣甚至比前幾天都更加濕冷，可見得關於貝蒂蘇的人氣，連老天爺都不想給面兒。在開車去的路上，她內心還隱約期待會有讀者撐著傘在活動現場等待，結果門口空空蕩蕩，只有朝著捷運入口方向前進的人們行色匆匆的路過。

「可能是我們來的太早了。」助理安慰她。

貝蒂蘇離開原本的工作已經三年。三年前在她出版第一本書之後，便打算全心朝時尚部落客的方向發展。雖說是出書，但那些內容不過就是把一些曾在網路上發表過的文章、街拍照片集結彙整，讀起來像女性心理勵志書籍，卻又帶點兒服裝搭配工具書的味道。事實上當這本書拿到手時，連貝蒂蘇自己都不知道如何定位書的類別。只是無論如何，一本書的出版，究竟還是甩沒出過書的部落客好幾條街吧？所以即使是這樣一本不知道該如何定位、潛在銷售群也只落在臉書粉絲頁十幾二十萬追蹤人數上的書，出版上架時還是讓她享受過那麼一小會兒擠上銷售排行榜的風光。

她所幸靠這一點風光，大膽地將自己的頭銜加入了「作家」的稱呼。殊不知這往臉上貼金的三年過去，她也只出了那一本稱不上正經作品的「書」。

「有了，有粉絲來排隊了，手裡還拿著妳的書呢！」助理像在沙漠發現綠洲般興奮地喊了出來。

貝蒂蘇腦子閃過「幸好在動態上有呼籲粉絲可以帶書過來簽名」的同時，朝排隊的粉絲露出了親切又不失優雅的微笑。

活動順利進行，演講在結束三十分鐘後依然有粉絲要求合影簽名，總計來了兩百多名。憑這麼冷又下著雨的天，已是非常不錯的成績。但貝蒂蘇發現，之前幾次活動都會出現的讀者，這次一個也沒有來。

「不是說絕對不會錯過嗎？」這個感慨讓貝蒂蘇有種被迫失去的無奈，卻在助理遞上一紙箱的禮物時瞬間拋諸腦後了。

「這些都是今晚來的讀者送的東西，還有人知道妳喜歡甜食，買了蛋糕給妳。」助理一邊說，一邊從箱子裡拿出一盒包裝精美的餐盒示意，但隨即放下餐盒，取出一個牛皮公文紙袋說：「嗯？這個東西好詭異啊，不知道是什麼？怎麼用公文袋包裝呢？」

此時雨越下越大，鄰近的大樓、百貨都已打烊。所有工作人員一一撤離後，館外的沉寂讓黑夜顯得更加冷清肅穆，剛剛活動上的鼓噪與笑語彷彿南柯一夢。繁華背後的空虛，通常直白的令人難以招架。

「妳趕快去開車，我們先離開這裡再說吧。」催促聲中，助理抱著箱子踏著碎步往停車場方向去了，她則後退了幾步往騎樓裡面靠，企圖躲開飄散下來的雨滴。濕氣讓貝蒂蘇的髮型沒能撐過這一晚，齊瀏海像灑在丼飯裡一絲一絲紊亂的海苔，此刻緊貼在她寬扁的大腦門上，略顯滑稽。原本用來修飾額頭的線條，現在欲蓋彌彰地讓她煩躁不已。

「煩死了這下雨天！」貝蒂蘇心裡一邊嘀咕，一邊在 Instagram 限時動態發布今晚的花絮影片，剛好打完「這是一個很開心又值得紀念的夜晚」發送出去。手機螢幕的藍光照射在她臉上，那些平常不會注意到的下垂線條，此刻正清晰地出賣她的疲憊與老態。原來，她也不是真的如傳說中那麼凍齡。

貝蒂蘇已經四十好幾了，但看起來比實際年齡也許還能減個五至十歲。人人都說她是美魔女（現在光聽這稱呼也很過氣），都說她吃了防腐劑。可是哪有什麼不老傳奇，不過就是生得稍微娃娃臉一點吧，保養得宜，加上穿著流行，套個鏡頭濾鏡就能顯得年輕了。

反差，讓貝蒂蘇在文章裡的老成世故格外有說服力。一個上了年紀但看上去年輕貌美的女人，與上了年紀但看上去就真的像上了年紀的女人，對大眾的吸引力還是很不同的。同樣作為知識性網紅，大家喜歡看年輕的女人（管他是否真的年輕）說道理，卻往往對一張被歲月刻劃過的臉沒興趣，就算她說得再有觀點，也提不起勁兒。

雨越下越大，順著風全都斜斜的打進了騎樓，貝蒂蘇半身濕透卻無暇顧及這等狼狽，她只想趕緊發完這些「工作」。因為回到家洗完澡後，她還要趁精神不錯時回覆留言呢。貝蒂蘇一直都有親回每一則留言的習慣，這也是粉絲喜歡她的原因之一。無論是誰，總能在她這裡得到有人關心的溫暖。好像在說：別擔心，我一定會撈起你的漂流瓶子，打開看看你都寫了哪些秘密。

坐上車，她一路在副駕駛座滑著手機工作，終於在到家前把動態全部發送完畢。舒舒服服用熱水澡洗掉在騎樓躲雨的狼狽後，原本預計打開手機回覆留言，但不知怎麼的，今晚的她卻被紙箱內那一堆讀者送的禮物吸引了，決定一一打開看看都是些什麼東西。「也許明天還可以錄個影片感謝大家。」她內心如此盤算著。

就像助理說的，很容易會從那堆有著不同包裝的禮物中發現那只格格不入的牛皮公文紙袋。它是那種很常見到的、普通的公文紙袋，約莫Ａ４大小，背面封口處上下兩個扣眼，用繩子繞一繞就能繫緊。雖然從外觀上看來毫無驚喜之處，但如今放在那堆禮物中卻顯得非常稀奇。於是，貝蒂蘇想都沒多想，一把拿起那只公文袋，旋轉纏繞在扣眼上的繩子，解開封口。

打開看裡面是一疊信紙，右上角用了一個黑色的小長尾夾固定住。跟公文紙袋一樣，這一疊信紙同樣也很普通，就是那種紅色線框的中式信紙。但因為現在很少人寫信了，比起公文袋，這樣的信紙反而不多見。

信紙上開頭寫著「親愛的貝蒂蘇，您好」，原來，這真的是一封信。從娟秀的字跡看來，應該是一位女粉絲不會有錯。書寫格式亦是中式的直式排列法，所以閱讀順序是從右而左。

這三年來貝蒂蘇沒少收過粉絲親筆寫給她的信或卡片，但像這樣一封厚厚的信，還真的是第一次見到。她躺到床上，饒有興致地翻閱起那封，喔，不，那一疊信。

「親愛的貝蒂蘇，您好：

我是一位關注妳長達九年的粉絲，但從今天起，我打算取消追蹤妳的Facebook與Instagram粉絲頁。是的，我要脫粉，我要退追蹤，只因現在的我實在對妳厭煩的不得了。

依照妳平常透露出來，或者帶有目的性長期營造的犀利人設來看，此時的妳應該在心中不屑於我的作為，也很可能笑我『想退追蹤就退追蹤，花這麼大的力氣寫信告訴我幹嘛？吃飽太閒。』

可我非常了解妳，或者說，用九年時間關注妳的結果得到的結論就是：我知道妳絕對不會對迎面而來的挑釁善罷甘休，妳一定會仔細看完我所寫的內容，然後想盡辦法反擊我。用妳一貫自豪的「罵人不帶髒字」的手法，狠狠地奚落我一番。

因此，接下來希望妳能好好地看完這封信，那樣不管妳之後想挑剔我的語病也好，糾正我幾個寫錯用錯的詞也罷，至少都有個依據，妳說是吧？

我是從二〇一〇年開始追蹤妳的。那年我大學剛畢業，也剛結束一段校園初戀。找工作的壓力與失戀的雙重打擊下，我渴望能有個出口發洩。於是浪費很多時間在網路上逛拍賣，看網拍模特兒的無名網誌，企圖躲避現實中的不如意。

我在很多當紅的網拍模特兒照片中發現妳這個特殊存在，妳跟她們感情似乎很好，經常出現在合照中。後來輾轉得知，原來妳曾經和她們都有過合作，是一位化妝造型師。

那時妳還沒有成立臉書粉絲頁，也不玩無名，只在沒有那麼多人使用的雅虎部落格發表文章，文章中穿插每日私服搭配照片。我不知道你為何選擇這樣一個沒有太多用戶的平台發表圖文，也許是妳標新立異吧，反正自此之後，我就開始關注妳每天的更新。

老實說，我覺得妳的私服很一般，但文字非常有意思，是那種『可以吸引人一篇篇看下去』的有意思。我後來經常在想，寫女性情感文的人那麼多，但能讓人不停想把她過去所寫的文章全部看完的太少了，妳絕對是當中的佼佼者，即使妳的穿搭真的一點都不時尚，只能勉強說具有大眾審美的參考標準。

當然，我這麼批判不是說我自己就多有品味，而是跟一些真正會穿搭的時尚部落客比起，妳遠遠不及她們。也或許年紀真的給妳很大的限制吧，年輕不起來，但也無法真正老下去，面對那些又美又年輕的網紅們，妳確實沒有優勢。因此，如果去除文字，單憑照片想闖蕩時尚部落客圈，怕妳還真沒那個本事。而妳真的非常聰明，懂得把這兩者綑綁在一起，成為妳自己個人的特色。直到現在，我依然很懷念那時單純拍照寫文的妳，因為如今滿坑滿谷的商業操作已經讓妳失去原汁原味，就算妳有意識地想維持過去發文的質感與次數，也無濟於事。商業化就是商業化了，這一點想必妳也無法否認。

看到這兒妳一定會猜：『難道這就是我想退追蹤的理由？』哈哈哈，勸妳千萬別這麼想。

在關注九年這漫長的日子裡，我從來沒有因為妳違背原則開始接業配文而對妳失望。第一次看妳面對鏡頭說話時那生澀做作的表情與聲音，也從驚嚇變成反差萌。甚至，有人說妳之所以成名是因為巴著某幾位網模、借助她們的名氣上位時，我都斥為妄言，不曾多與理會。我就像一個腦粉，死忠地擁護自己的偶像，近乎痴愚。

那我究竟是因為什麼原因退追蹤呢？坦白之前，我想先跟妳說，其實很長的一段時間裡我都把妳當作一個目標，『想成為像妳一樣的女人』這句話想必是很多粉絲對妳的告白。明星、藝人、名媛這種人的生活都離我們太遠了，妳這樣一位普通卻又在某個專業領域中出色的素人，剛剛好能起到一個榜樣作用。讓我們覺得自己好像也有希望成為夢想中的人，擁有自信與優雅。

不知道從什麼時候開始，妳的文章從三言兩語的心情文變成打著女權旗幟的獨立代表，深入了愛情、工作、生活、婚姻種種層面，我們被妳的內文打醒，又在文章最後的回馬槍中笑話自己幾句。只能說對於掌握女性微妙心理，妳絕對是箇中好手。明明是在打我們的臉，卻讓每個人都被妳罵得好爽。而妳也不避諱在留言裡與粉絲筆戰，還覺得只是就事論事。

妳自嘲自己的文章是毒雞湯，我從這份自嘲中嗅出妳或多或少的自戀傾向。搞不好夜裡敲著鍵盤寫文時還會想著：『同樣是雞湯文，我寫的就是比其他人高級。』

對啊，我也覺得妳文筆真好，就連業配文也被包裝得十分女性主義。而當我發現『獨立』、『女權』不過是很多像妳一樣的時尚部落客用來增加自身魅力的標籤時，我已經中毒太深，病入膏肓了。

這個時代確實很適合談女權主義，每個女人都開始想透過自我探索，活得漂亮給人看。所以一堆文章在指導我們如何對自己用心，哪怕喊喊口號我們也覺得被治癒了。

手段不是我最終想取消關注妳的原因，就算妳建立人設的過程再有心機，手法套路再怎麼搭女性主義的順風車，都可以被理解成是每位想用心經營粉絲頁的部落客該要付出的努力。而粉絲讀者們從這些文章中得到的正能量，或許真的在低潮時拯救過她們。

像我，就是其中一位。

在關注妳的九年中，我從一位不黯世事的小女孩，逐漸成長為獨當一面的女人。當年畢業後求職的不順利，與結束初戀時的迷茫，都是從妳的文章中一點一點獲得力量的，若說從來不感激妳，那我就是在說謊。

妳一定會問：『既然如此，幹嘛要退追蹤？還煞有其事的寫什麼信？』

是啊，妳既沒有像某自稱貴婦的部落客誆騙投資人的錢捲款潛逃，也沒有像嫁給有錢人、在海島結婚的網路女作家那樣說一套做一套，更沒有像一眾網美自創品牌覬覦粉絲腰包裡的錢。妳甚至潛移默化改變了我，我實在沒理由討厭妳。

妳一定會這樣想。

正因為妳會這麼想，所以妳絕對不會理解每一位關注妳，甚至依賴妳的粉絲們真正的脆弱。她們會因為妳的一段話改變自己，也就會因為妳的一句話對妳恨之入骨。脆弱就是這樣的，或者說內心軟弱的人就是這樣的，我們需要來自外界的肯定，尤其是自己在乎的人，他的肯定勝過其他人的閒言閒語。

妳在我心中曾經有這樣的指標性，每每我有想不透的難題或者猶豫，只要留言給妳，妳總能理性幫我分析利弊，給我鼓勵。我從來沒有想過，會因為一句話，而開始討厭妳。

年底前，妳在限時動態曬了一張清潔刷具的照片，圖配文寫著：『據我所知，很多女人的化妝台有可能是家裡最髒亂的地方。』

我不知道哪兒來的一股氣，留言寫下：『為何妳說話總要這麼的陰陽怪氣不懷好意？』

一向迅速回覆留言的妳果然秒回了我：『還好吧，別這麼玻璃心。』

我知道妳一向敢言，也知道妳若能咄咄逼人，絕不會口蜜腹劍。妳為妳的犀利驕傲，這份自信也養肥了妳的狂妄自大。秒回的意義證明這句回覆是不假思索的反射動作，是妳內心真正的想法。

原來，妳一直都不大看得起妳的讀者們。

原來，妳一直都覺得別人會受傷是因為玻璃心。

『妳們太隨便太髒亂了，連每天都要用的化妝台都不好好收拾，快點學學我！』難道這不就是妳的話外音嗎？

我現在只要想起妳仗著自己的好文筆大賺業配，表面上告訴大家要追求自我，做獨立女性，私下卻覺得粉絲們都是愚婦時，便深感以前把妳當做偶像的自己非常可笑。

寫到這兒，或許妳已經猜中我厭煩妳的真正原因了。此刻的妳肯定也很想像我寫信給妳一樣，洋洋灑灑用一堆文字回堵我的嘴。可惜妳沒有機會這麼做，為了防止妳回頭尋找，我刪除了之前使用的帳號。知道妳今晚會有一場讀者見面會，所以能把這封信像禮物一樣交到妳手中，且不會留下任何記錄。

早就想狠狠罵妳一次了，真痛快啊。

也許，從今往後還會有許許多多的女孩被妳洗腦，但這當中已經沒有我了。一想到此，竟感到無比的輕鬆與快活。

再見，喔，不，永遠不見了，貝蒂蘇。

後悔關注妳九年的粉絲。」

原本滿懷期待的貝蒂蘇因信的內容與想像落差太大，導致在看的過程中下意識緊握的手幾乎就要將信紙捏碎。她竟然無法反駁這位粉絲所寫的任何一段話，因為這些描述有些確實非常貼近現實。腦袋轟然一陣熱，她不甘心被自己的粉絲誤會，她要釐清，她要為自己平反。

隔天，貝蒂蘇將信件內容穿鑿附會加油添醋寫成了一篇短篇小說發表出去，並在引言寫下：「該是粉絲出一口惡氣的時候了。」全文以讀者立場抨擊好為人師的雞湯文部落客。表面上看起來在抹黑，實際上因主角身分與她高度重疊，反而導致讀者們看完後紛紛在留言下力挺。

「這粉絲有病吧，確實是玻璃心啊。」

「我所知道的貝蒂蘇才不是這樣呢。」

「退追蹤就退追蹤啊，寫一封信通知很有事耶！」

「貝蒂蘇一直都是這樣說話的啊，接受不了就不要關注嘛。」

「惟恐天下不亂的被害妄想症。」

「有本事自己也來寫文啊，私下罵人算什麼？」

「她一直很愛跟讀者互動，才不會看不起我們呢。」

「只有內心自卑的人才會覺得別人都看不起他。」

效應如同貝蒂蘇預期的那樣，輿論的操作，永遠是受害者之姿最能博取同情。她也在那篇小說底下回覆：「沒想到被妳們猜中了，真是不好意思。其實，很多時尚部落客都是跟著粉絲一起成長的。很開心寫過的文章幫助過你們，但沒有大家的支持，其實我什麼都不是。」

這段話確實是段真話，想讓粉絲猜中的小心計也是真的。藉由昨晚徹夜通宵的創作，貝蒂蘇忽然發現一個人對另一個人的恨意確實往往容易在一些小事上滋生。「他這麼說是不是在嘲笑我」、「他這麼做是不是因為看不起我」等想法讓貝蒂蘇不停反覆問著自己。她在乎那疊信的內容，並讓那些文字在內心牽扯，七上八下，忐忐忑忑，是不是就是她平常給讀者的感覺——又愛又恨？愛的是有人清楚描繪出自己內心想說的話，恨的是意識到說出這些話的人會不會其實根本看不起自己？

也許是又愛又恨，又怕吧？

貝蒂蘇前前後後把信看了三、四回，從一開始的生氣，逐漸進入抽離的狀態。原來一個人對另一個人的絕望是這樣的啊，是會想用一種對方同樣擅長的方式來反擊他的。那種「我用你擅長的武功打敗你」的決心，忽然間竟有點感動到她了。而如此明明白白用白紙黑字寫下的恨意也是貝蒂蘇生命中不可多得的一次體驗。真誠卻又無比殘忍。讓她也好想這樣對待自己所恨之人，也好想擁有旗鼓相當的對手，相互施以文字暴力。於是，這篇小說誕生了，充滿較勁意味的。

小說在平台上發表前，貝蒂蘇的氣早就消了。但氣消和賭一口氣完全是兩回事，到頭來，她還是想證明自己有能力反擊，她還是想讓對方看看自己的骨氣。所以她依然將小說發表了，選擇向大眾公開一切枝微末節。一整個早上，她都在回覆小說貼文底下的留言。就在她把最新一則回覆送出去幾分鐘後，底下跟著出現了一個陌生的粉絲團連結。仔細一看竟然是：靠北貝蒂蘇：專門收留在貝蒂蘇那裡出走，無家可歸的人

向來標榜自己從不刪留言的貝蒂蘇心虛了一下，趁著沒有多少人看到立馬

一秒刪除。結果才發現，她的每一則PO文底下通通都出現了「靠北貝蒂蘇」粉絲團連結。像中毒一樣刪除了又出現，刪除了又出現，刪除了又出現……

刪除了，又出現。

刪除，了，又，出現。

刪・除・了・又・出・現。

／凱特謎之音

寫於小說之後

用飽含情感的文字搭配時尚美照輸出內容，是台灣許多時尚部落客操作上的特點。

這些部落客會有意無意地炫耀自己略帶文藝的風骨，實則打著商人的主意。不管他們的文字風格如何：治癒系、犀利系、勵志系、搞笑系、諷刺系還是無病呻吟系，通通可以被歸納為「心靈雞湯」。而女性部落客尤其能操作女權主義文章，用以收獲女性讀者青睞，這一招據說，無往不利。

粉絲在這些雞湯文中享受華麗詞藻的安撫，豐富情感的投射，以聊慰在現實生活中所受到的打擊，並認為部落客寫出了他們心中所想，彷彿知己一般。

這一類時尚部落客的確是這幾年隨著自媒體發展而逐漸壯大的一群人。聰明的寫作者往往是商人，他們很敏銳，並且知道讀者們需要什麼，為擴大信徒們的數量，會投其所好餵養他們想看的文字。

識破這些文字背後的操作就表示這些價值觀無用嗎？其實也未必。因為在網路這個虛擬與現實交錯的世界，你只要依照判斷選擇自己想相信的就好。

有毒的未必是雞湯，有毒的往往是很多人隱藏著不想曝光的那個東西才對。

/後記

網紅的虛與實

我了解這個工作的不易，也理解它的幸運。因為，我也是一名網紅。

記得很久以前看過一個採訪，那時 Susie Bubble 剛開始經營沒兩年，因為出彩的時尚感被所有時尚攝影師跟拍，並出現在時裝週頭排座位上。要知道這個頭排位子，以前只能是時尚界頭號人物或總編輯、明星、名人才有資格。

她私下跟熟識的媒體人吐露心底壓力，大意是她很擔心自己名不符實，畢竟在這樣美麗又嚴格的行業中，有能力的人實在太多了。大批才華洋溢的攝影師、造型師、藝術總監都被埋沒，而自己卻因為粉絲流量脫穎而出，不過也只是因為社群平台算條捷徑，一點點微小的工作就被看成了了不起的成就。

這可能也是我過去一年多的感想，稍有名氣之後，反而會深入去思考「該如何坐實讀者給予的肯定」。因為操作經營，常常要把一點兒屁事給放大了說，明明沒有什麼可分享的，只想放空，也總得在限時動態這個最基礎的底限內發出一些聲響。美其名叫經營，實則是刷存在感。

大抵能在路上被粉絲認出來的網紅都會如此，放大自己的小事，內心卻知道這虛名若不緊抓住，怕是要轉眼從指縫中溜走。而具備業界良心的人，都該多少攬一點社會責任在自己身上。且不說成為楷模，身先士卒是必要。

這年頭，沒有網紅特質的政治人物連年輕選票都抓不住，而所有想少繞點彎路的，甭管什麼產業別，有網紅體質的人就是比較能發出聲音，吸引人關注。開一家店，都得開始思考環境是不是達到讓進來的客人願意打卡拍照的標準。世界已經從安迪・沃荷口中的成名十五分鐘，進階到抖音的十五秒鐘，很快，很著急，當然也很公平，想多一秒都不行。

將寫作視角定格在自己熟悉的領域是一件取巧但不見得討好的事。小說陸續刊登的半年中，大家開始幫角色對號入座，虛實之間，八卦氣息濃厚。

經紀人提出《網紅們》的構思之初曾問我：「害怕得罪同行嗎？」

確實有點戒慎恐懼，但我很肯定地回：「不怕！」

因為我知道六篇短小說所組合成的故事，除了網紅生態的揭發外，更多在於人物內心的描摹。人性中對虛名追求的善與惡，並沒有所謂的對與錯。在世俗裡奔走，尤其在這麼冷漠的世俗裡奔走，人能維持一點內心的敞亮，都已實屬難得。

最後想要感謝幾個人，如果沒有他們，這本小說沒有面世的可能。

感謝雅詩蘭黛市場行銷部門團隊，支持我、肯定我，讓廣告軟文得以用新的面目與讀者接觸；謝謝我的經紀人，不僅是每篇小說的第一位讀者，更願意突破盲點，給我重要的書寫建議；謝謝賦予這六個人物靈魂意象的插畫作者姵萁舒，能與自己的讀者合作，是非常有意思的一件事；感謝時報出版編輯總監梁芳春先生，以及負責此書的責任編輯林巧涵小姐，幫助這本小說順利出版。

網紅是時代的產物，有幸成為這條產物鏈中的其中一員並用文字記錄下來，是一種樂趣，也是一種治癒自己的方式。

凱特王

網紅們

作者 凱特王
插畫繪者 姵萁舒
主編 林巧涵
執行企劃 許文薰
美術設計 楊雅屏
第五編輯部總監 梁芳春
董事長 趙政岷
出版者 時報文化出版企業股份有限公司
一〇八〇三台北市和平西路三段二四〇號七樓
發行專線 （〇二）二三〇六—六八四二
讀者服務專線 〇八〇〇—二三一—七〇五
（〇二）二三〇四—七一〇三
讀者服務傳真 （〇二）二三〇四—六八五八
郵撥 一九三四—四七二四 時報文化出版公司
信箱 台北郵政七九～九九信箱
時報悅讀網 www.readingtimes.com.tw
電子郵件信箱 books@readingtimes.com.tw
法律顧問 理律法律事務所 陳長文律師、李念祖律師
印刷 詠豐印刷有限公司
初版一刷 二〇一九年十月三十一日

時報文化出版公司成立於一九七五年，並於一九九九年股票上櫃公開發行，於二〇〇八年脫離中時集團非屬旺中，以「尊重智慧與創意的文化事業」為信念。